ORTIN 1978

MÉRY.

LA GUERRE
DU NIZAM

VICTOR MAGEN, ÉDITEUR.

3 vol. in-8°. Prix : 18 francs.
LA FLORIDE,
2 vol. in-8°. Prix : 12 francs.

LA GUERRE

DU NIZAM

PAR MÉRY.

III

PARIS.
VICTOR MAGEN, ÉDITEUR,
21, QUAI DES AUGUSTINS.

1847

LA GUERRE DU NIZAM.

DU MÊME AUTEUR.

LA COMTESSE HORTENSIA.	2 vol.
LA FLORIDE.	2 vol.
UNE CONSPIRATION AU LOUVRE.	2 vol.

SOUS PRESSE :

LA CIRCÉ DE PARIS.	2 vol.

COMÉDIES EN VERS :

L'UNIVERS ET LA MAISON, in-8°.	1 fr. 50 c.
COMÉDIENS ET PARRAINS, in-8°.	60 c.
LE PAQUEBOT, in-8°.	1 fr.

Toute reproduction entière ou partielle de LA GUERRE DU NIZAM est interdite, et sera poursuivie comme contrefaçon.

Imp. Dondey-Dupré, rue St-Louis, 46, au Marais.

LE TUTEUR TOWER.

I

Ce même jour, à l'heure où le sang coulait dans le vallon des Taugs, devant le pic de Doumar-Leyna, miss Arinda, levée avec l'aurore, donnait ses ordres pour le bal du lendemain, et la comtesse Octavie et Amalia rentraient avec M. Tower à l'auberge des Douces-Heures, après une dernière et orageuse nuit passée dans la maison du capitaine Moss.

Les deux femmes avaient épuisé tout entretien possible sur Edward et le jeune Elona. Elles étaient arrivées à un silence morne, jaloné par intervalles de quelques syllabes sourdes ; à ce silence qui semble dire que tous les soupçons viennent enfin d'être reconnus légitimes, et qu'il est inutile de pousser plus loin cette aveugle complaisance de l'amitié ou de l'amour qui veut se tromper elle-même pour justifier des absents trop évidemment criminels.

C'était donc pour les deux femmes un fait accompli et reconnu. Edward et le comte Elona, ces natures d'élite, mentaient à leur honorable réputation ; ils ressemblaient à une foule d'autres hommes ; ils employaient leurs jours à tromper les affections de leurs nuits, et leurs nuits à tromper les affections de leurs jours. Chose désolante, mais incontestable.

Par intervalles, M. Tower hasardait quelques timides et courtes apparitions, espérant toujours que l'attrait de sa présence donnerait enfin une nouvelle tournure à cette crise domestique, et que l'ancien état de choses allait renaître à la première occasion. M. Tower traversait la salle d'un pas tantôt grave, tantôt léger; il ne demandait rien, mais il affichait la prétention de deviner ce que l'on ne demandait pas : il soulevait une persienne; il éclipsait avec un pan de rideau, des rayons qui se glissaient sur le mur; il corrigeait un vice de symétrie dans deux vases de fleurs; il ménageait un courant d'air favorable et supprimait celui qui pouvait être dangereux; il posait des éventails sur un guéridon, dans le voisinage des femmes; il ouvrait la porte en feignant de trouver de la résistance, et il chassait, du bout du pied, un obstacle absent ; puis il exhalait une sourde aspiration, en laissant supposer qu'il avait cru entendre une voix qui l'appelait au moment de sortir. Toutes ces ruses vulgaires, que Tower regardait comme l'élixir de la diplomatie domestique, n'eurent pendant quelques heures aucun résultat. Enfin, il se hasarda, sur le seuil de la porte, à remplacer le soupir d'interrogation par une phrase clairement articulée : —

Comtesse Octavie, — dit-il en encadrant sa figure avec les deux battants, — il me semble que vous m'avez appelé?

— Ah! c'est vous M. Tower! — dit Octavie avec le ton de la distraction, et en relevant sa tête, qui depuis longtemps s'appuyait sur la main droite.—Non, je ne vous ai pas appelé... n'importe, venez ici... Vous êtes bien heureux, vous monsieur Tower, votre tête est... libre...

— Ne croyez pas cela Madame, ne croyez pas cela — dit Tower, en s'appuyant contre le mur, à côté d'Octavie, et entr'ouvrant son jabot pour appuyer sa main droite — ma tête est libre, en ce sens que je sais dompter mes passions, et que je me dis, tu n'iras que là, pas plus loin, et tu t'arrêteras. Mais ajouta-t-il en posant sa jambe droite sur la gauche, et en la balançant sur la pointe du pied — mais, on n'a pas la tête tout à fait libre pour cela... je connais les femmes, et j'ai un principe avec elles: je ne leur rends jamais que la moitié de ce qu'elles me donnent; de cette manière, lorsque nous règlons nos comptes, elles dépendent de moi.

— C'est un beau principe que vous avez là, Monsieur Tower—dit Octavie avec cette négligence de paroles, qui annonce que l'on tient fort peu à poursuivre ou à terminer un entretien.

— Je m'en trouve bien, dit Tower, très bien.

— Avez-vous eu, Monsieur Tower, une vie orageuse? — dit Octavie, en regardant le plafond.

— Ah!... ah! Madame!

Tower ouvrit démesurément ses yeux ternes et secoua la tête, en agitant sa main dans le jabot.

— Votre teint est pourtant d'une fraîcheur, monsieur Tower!...

— Mon père était Écossais, madame. C'est un teint de famille, je pourrais vous montrer, dans ma petite maison de Bond-street, les portraits de mon père et de mon aïeul. A soixante ans, ils avaient des faces de chérubin, et vous saurez, madame, que mon aïeul a été un des hommes les plus courus de l'Écosse, il avait été désigné pour être page. Son prénom était Valentin. Walter-Scott l'a désigné clairement dans la *Jolie fille de Perth*. A Londres, on ne parlait que de Valentin Tower. Georges IV voulut le voir, et il se le fit présenter à Hampton-court. A soixante-cinq ans, madame, il paria cent livres de monter au sommet d'Arthur-seet, et d'écrire son nom ; c'était justement le jour de la Saint-Valentin, grande fête à Édimbourg, comme vous savez. Il gagna le pari ; mais il commit l'imprudence de boire de l'eau glacée. Survint une pleurésie. On le saigna, mais on le saigna trop tard malheureusement. Il mourut deux jours après. On peut dire qu'Édimbourg a porté le deuil de Valentin Tower... un colosse !

— Comme c'est intéressant ce qu'il nous raconte là, ce monsieur, murmura sourdement

Amalia, en se levant pour s'appuyer au balcon, derrière la persienne.

— Voulez-vous, mesdames, que je sonne pour le thé? dit Tower avec sa plus douce voix.

— Sonnez, monsieur Tower, dit Octavie. Il faut bien tuer les heures de quelque manière... Mon Dieu! si je pouvais partir demain... Il faudrait pouvoir demander un vaisseau, comme on demande du thé.

Tower poussa un de ces éclats de rire stupides qui désolent un salon.

— Mais ça se peut, madame, dit-il, en éteignant le rire avec une difficulté feinte, ça se peut très bien.

— Monsieur Tower, puis-je compter sur vous, si je veux retourner en Europe?

Tower se redressa fièrement, prit son maintien de bel homme, se jeta un rapide coup-d'œil du menton aux pieds, et dit :

— Vous savez, madame, que j'ai un devoir à remplir, un devoir sacré. Ce devoir rempli, je me mets à votre disposition pour tout ce que vous exigerez de moi.

— Dans leur jargon de tuteur, dit Amalia toujours inclinée au balcon, ils appellent cela *un devoir sacré à remplir*... Marier une pauvre orpheline malgré elle, avec un colonel, malgré lui !

— Mademoiselle, dit Tower, ne sachant ce qu'il allait dire, mademoiselle, vous savez que mes instructions...

— C'est bien ! dit Amalia en frappant le plancher avec vivacité.

— Monsieur Tower, dit Octavie, admettons que vous avez rempli ce devoir sacré, rien ne vous retient plus au Bengale ?

— Mais... rien... oui... il me semble... A moins que mademoiselle Amalia ne veuille...

— Moi! dit Amalia, toujours sans se retourner ; quand on m'aura sacrifiée, vous êtes bien le maître, monsieur, d'aller où bon vous semblera.

Le visage de Tower se contracta par l'expression de cette idée : voilà de la jalousie bien évidente, ou je ne m'y connais pas.

— Vous pouvez donc me reconduire en France, monsieur Tower? dit Octavie.

— Oui, madame; et j'ai même des raisons personnelles pour aborder en France... On ne sait ce qui peut arriver... En France, je pourrai par mes amis sonder les intentions du ministre à mon égard.

— Je vous comprends, monsieur Tower.

Tower se promena dans la salle pour se livrer tout entier avec tous ses avantages à l'admiration d'Octavie.

— Aimez-vous la France, monsieur Tower? ajouta la comtesse.

— La France? belle comtesse... J'aime assez la France... mais je vous avoue que j'ai une certaine répugnance pour les Français... Ce n'est pas par antipathie nationale, du moins, croyez-le bien... Le Français me paraît trop léger, trop frivole... il a un amour-propre de démon... il se croit aimé de toutes les femmes.

Il perdra volontiers une maîtresse pour une indiscrétion, et un ami pour un calembourg... J'ai eu deux affaires d'honneur à Paris... Il s'agissait de deux dames françaises de ma connaissance... intime... sur les mœurs desquelles on se permit des propos lestes... calomnieux, pour trancher le mot. Je demandai satisfaction... elle me fut accordée... Oh! quant à cela, le Français est brave. Je le maintiens brave.

— Comme c'est heureux pour le Français, dit Amalia.

— Oh! poursuivit Tower, ces deux duels ont fait bruit à Paris... C'était en mil huit cent vingt et... et... avant 1830... Voilà mon opinion sur les Français... Quant aux Françaises, ajouta-t-il en mettant une douceur fade dans sa voix et sur sa figure, quant aux Françaises, c'est autre chose... La Française est vive, spirituelle, sensible, charmante... en la voyant, il faut tomber à ses genoux... Au reste, qu'est-il besoin de faire l'éloge des Françaises? n'ai-je pas sous les yeux en ce moment le plus parfait...

— Il suffit, monsieur Tower — interrompit la comtesse — je tenais à savoir si je pouvais compter sur vous.

— Oui, oui, Madame — dit Tower avec une émotion sanguine qui empourprait son visage et gênait sa respiration — oui, comptez sur moi... lorsque le devoir sacré...

— Allons! dit Amalia, voilà le devoir sacré qui revient!... Octavie, approche-toi... viens regarder là-bas, dans la rue, il se passe quelque chose d'extraordinaire, je crois...

Octavie vint se placer au balcon à côté d'Amalia.

Tower se promenait d'un pas triomphant, et sa figure traduisait le monologue intérieur qui n'arrivait pas aux lèvres. — Voilà bien les femmes! comme ce dépit d'Amalia est mal joué! maintenant, elle entraîne Octavie à la fenêtre! quelle ruse gauche! Au reste, je suis enchanté de moi, la comtesse a fort bien pris la chose : il est vrai qu'elle m'a fait des avances ; et moi, j'ai riposté par une déclaration. Ah ! quand les femmes veulent un peu trop se livrer avec moi, elles trouvent à qui parler ! Amalia ne sait pas quel service elle vient de rendre à la comtesse. Octavie était émue au dernier point ! Amalia l'a tirée d'embarras en l'appelant. D'ailleurs, la journée est longue ; nous nous reverrons. Ça marche bien ! ça marche bien !

— Monsieur — dit Octavie en quittant le balcon — la rue est pleine de bruit, vos soldats indiens crient : *Hourra pour le colonel Douglas !...* Entendez-vous, monsieur Tower ?... Eh bien ! vous restez là, planté comme un Therme, à me regarder avec des yeux ébahis ! Allez donc aux renseignements... Si nous n'étions pas, Amalia et moi, en négligé de désolation, nous serions dans la rue déjà.

— Je vous obéis, Madame — dit Tower avec un regard vif comme un feu qui s'éteint.

Et il sortit.

— Voilà un tuteur anglais, dit Octavie, que nous avons élevé peu à peu à la dignité de domestique. Si le ministre veut me donner trois tuteurs comme M. Tower, je congédie mes gens de service, et je deviens enfin maîtresse absolue de mes serviteurs.

A chaque instant, les groupes des soldats indiens devenaient plus animés dans la rue. On pouvait deviner à leur joie bruyante qu'une bonne nouvelle était arrivée au cantonnement de Roudjah.

Les deux femmes attendaient le retour de M. Tower avec une vive impatience. Il s'était mêlé dans les groupes, et il cherchait un visage européen, dédaignant de parler aux naturels du pays.

Dès qu'Octavie et Amalia virent M. Tower faire un signe de remercîment à un planteur qui était leur voisin, elles descendirent jusqu'au milieu de l'escalier, pour connaître plus tôt la grande nouvelle qui agitait le village. M. Tower s'était arrêté avec le *land-lord* de l'auberge, et les deux femmes entendirent distinctement ces mots :

— Oui, monsieur Tower, la nouvelle est positive ; le télinga vient d'arriver à cheval de Nerbudda ; il a fait le trajet dans une heure. J'ai ordre, moi, de préparer pour demain un repas de trois cents couverts pour les cipayes. Je dresserai mes tables au quinconce des Belles-Indiennes. C'est une bonne affaire pour moi. Le colonel Douglas fait les choses généreusement.

— Voulez-vous donc monter, monsieur Tower, crièrent deux voix de femmes dans l'escalier.

— Je suis à vous, Mesdames, répondit Tower ; et il ajouta en montant : — Mon Dieu, il faut toujours un peu de temps pour recueillir quelques informations.

Octavie et Amalia entraînèrent M. Tower dans la salle, et leurs yeux étincelants interrogeaient beaucoup mieux qu'une demande.

— Voici, voici, dit M. Tower. C'est à cette

heure un bruit public; la nouvelle est officielle. Le télinga porte un faisceau de lettres d'invitation. Le mariage du colonel est arrêté. Il y a bal demain à Nerbudda. Ainsi, mademoiselle Amalia, nous pouvons vous appeler déjà mistress Douglas Strafford.

Amalia se laissa tomber sur un siège, en levant les mains et exhalant un profond soupir

— Eh! mon Dieu! poursuivit Tower, il fallait s'attendre à ce dénoûment. Je connais les hommes. Cela ne pouvait avoir une autre fin. Je l'ai dit cent fois. Le colonel reculait pour mieux sauter. Je connais les militaires, puisque j'ai failli être militaire moi-même. Ils gardent le secret dans ces sortes d'affaires; puis, un beau matin, ils annoncent leur mariage au tambour... Au reste, Mademoiselle, je ne vois pas trop ce qui peut tant vous affliger dans ce mariage : Douglas est un très beau cavalier, ma foi; il est bien en cour, il sera général dans cinq ans. Certes, je connais plus d'une femme...

— Assez, assez, monsieur Tower — dit Amalia, d'un ton triste, et en faisant de la main le signe qui commande le silence — assez. Vous n'êtes plus mon tuteur, et je vous remercie de vos avis et de vos réflexions :

— Comme vous voudrez, dit Tower.

— Eh bien ! Octavie — poursuivit Amalia, en souriant avec mélancolie — il y aura bal demain !.. un bal !.. Ceci est trop fort ! On peut bien me traîner à un autel de mariage ; ils ont la force pour eux ; et j'ai perdu l'amour du comte Elona, et je lui ai retiré mon estime, et je l'ai en horreur, comme toi tu as en horreur sir Edward, Octavie... Mais on ne me traînera pas à des salons de bal. Il ne manquera qu'une dame à leur bal de noces, une seule... la mariée ! il m'a quitté à mon bal de Smyrne, je le quitterai à son bal de Nerbudda. Nous serons quittes.

— Amalia — dit Octavie — je t'ai bien fait du mal, moi, eh bien ! je veux le réparer.. Monsieur Tower, ayez la bonté de descendre pour prendre des informations précises sur le départ des convois de terre et des vaisseaux... je veux partir demain...

— Madame, dit Tower, vous savez depuis hier qu'il y a un bal, et que vous êtes invitée... Ma parole d'honneur, vous deviez vous attendre à cela. Je vous en avais déjà rapporté la nouvelle de l'habitation du colonel...

— Vous avez raison, monsieur Tower, dit Octavie, mais on croit toujours que la chose redoutée arrivera tard... Je ne suis pas prête pour demain... Allez remplir ma commission, monsieur Tower, nous vous attendons ici.

Tower s'inclina et sortit.

— Ma chère Amalia, poursuivit Octavie, nous partirons ensemble, et tu ne te marieras pas. Je me charge de M. Tower, moi... nous laisserons dans leurs abominables repaires tous ces hommes infâmes qui étaient venus chercher chez les monstres du Bengale une société digne d'eux.

— Oui, oui, s'écria Amalia, nous partirons

ensemble. Tout ce que nous avons aimé follement est indigne de nous, et je n'épouserai jamais, moi, ce que je n'aime pas.

La porte s'ouvrit, et la moitié de M. Tower parut timidement, et dit en remettant deux lettres : Voici votre courrier, Mesdames; le land-lord le reçoit à l'instant. Pendant que vous lisez, je vais aux informations.

Amalia prit la lettre qui lui était adressée; elle examina l'écriture et le cachet. Elle était scellée du lion et de la licorne, comme une dépêche solennelle.

— Dois-je lire, Octavie ? — demanda-t-elle en tremblant.

— Dans notre position, mon ange, on lit tout.

— Voyons.... C'est du colonel Douglas, Octavie.

— Il t'invite à ton bal probablement.... Lisons.

« Mademoiselle,

« Dieu m'en est témoin, si j'ai attendu dans

« ma vie un jour de réparation, un jour de
« vrai bonheur, c'est celui qui porte la date
« de cette lettre....

— Hypocrite! — dit Amalia en froissant la lettre — je suis tentée de la déchirer cette lettre et de lui renvoyer les lambeaux. N'est-ce pas, Octavie?

— Continue, Amalia; nous apprenons à connaître les hommes, c'est une étude.

« Depuis deux ans, j'aime une jeune Anglai-
« se-indienne, miss Arinda, la fille du nabab
« Sourah-Berdar...

— Ah! ceci est d'une insolence qui suffoque! s'écria Amalia. Octavie, les hommes sont vraiment affreux!

— Oui, celui-ci fait des confidences amoureuses à la femme qu'il va épouser.

— Il va me dire, Octavie, qu'il me sacrifie cette concubine avant de m'épouser; tu vas voir....

— Il la sacrifie avant pour la reprendre après... Continue...

— Octavie, mes yeux se ternissent comme des vitres au froid; je n'y vois plus... Lis, Octavie, achève cette lettre d'outrages.

Octavie ramassa la lettre et continua la lecture :

« Si je vous avais connue avant elle, aucune
« femme n'aurait pu me détacher de vous. —
« Menteur ! — Mais lorsque je vous vis à Smyr-
« ne, lorsque je crus devoir me soumettre pro-
« visoirement à ce contrat que d'autres avaient
« signé pour nous, j'étais déjà lié par un ser-
« ment et une passion. Cela vous expliquera
« bien des choses qui ont été un mystère jus-
« qu'à cette heure. La répugnance visible que
« vous avez toujours témoignée pour notre ma-
« riage m'a encouragé dans la conduite que j'ai
« tenue envers vous. Je sentais que nous nous
« rendions mutuellement service en brisant la
« chaîne que d'autres avaient forgée sans nous
« consulter.

« Aujourd'hui, Mademoiselle, je vous rends
« à votre liberté... »

— Ah! mon Dieu! s'écria Amalia; que dit-il?

— Attends, attends, dit Octavie d'une voix qui commençait à s'émouvoir :

« Je vous rends à votre liberté. Mon mariage,
« retardé par des circonstances mystérieuses
« que vous connaîtrez ce soir, est aujourd'hui
« décidé. J'épouse miss Arinda, la plus noble
« fille du Bengale, comme vous êtes, vous, la
« plus noble fille de votre beau pays. »

— Il l'épouse! il l'épouse! s'écria Amalia, bondissant de joie et embrassant Octavie avec fureur.

— Folle que tu es! — dit Octavie, qui sentait se réveiller en elle ses émotions d'autrefois, — attends la fin; nous n'avons pas tout lu.

— Je me soucie bien de la fin, maintenant, dit Amalia. Il épouse son Irinda, Erinda, Arunda. Le reste m'est bien égal.

— Et cela te rend-il le comte Elona fidèle et pur, comme avant?

— Non, Octavie, mais cela me rend libre.

— Veux tu que j'achève ? dit Octavie avec une froideur étrange.

— Comme tu voudras.

« J'espère, Mademoiselle, que ma femme
« sera votre amie, tant que vous habiterez le
« Bengale, et, si je ne me trompe, vous l'habi-
« terez longtemps. Ce soir, j'irai officiellement,
« comme chef de cette province, vous deman-
« der en mariage à votre tuteur, qui est muni
« de pleins pouvoirs.... »

— Octavie ! s'écria Amalia, que lis-tu ? Il épouse son Indienne, et il vient me demander en mariage !... Il y a une phrase omise, c'est impossible autrement....

— Lis toi-même; lis, voilà la lettre... tu n'o-mettras point de phrases, toi, dit Octavie d'un ton sec.

Amalia reprit la lettre et continua :

« Vous avez déjà deviné le noble époux qui
« veut vous consacrer son existence. Ce matin,
« j'ai reçu ses confidences après une épouvan-
« table nuit, pendant laquelle il m'a sauvé la

« vie vingt fois. Nous pouvons être indiscrets
« aujourd'hui. La bande des assassins a été
« anéantie dans le vallon de Doumar-Leyna.
« Vous connaîtrez ainsi notre victoire décisive,
« sans avoir connu notre danger, qui était le
« vôtre aussi. Sir Edward et le comte Elona se
« sont couverts de gloire. Le premier mérite
« d'être votre ami, et le second mérite d'être
« votre époux. »

Amalia laissa tomber ses bras, et regarda fixement Octavie qui ressemblait à la statue de la stupéfaction, avec des yeux vivants, dont la double flamme aurait été allumée par un pouvoir surnaturel.

Après quelques instants de silence, Octavie étendit nonchalamment sa main vers Amalia, et lui fit signe de continuer. Elle poursuivit sa lecture, d'une voix altérée par tous les genres d'émotion :

« Cela vous explique aujourd'hui, Mademoi-
« selle, des choses qui vous paraissaient inex-
« plicables hier. Ainsi, lorsque nous avons été

« obligés de congédier avec une politesse bru-
« tale la comtesse Octavie, en la priant de
« chercher un asile ailleurs, c'est que nous
« venions de recevoir la nouvelle que l'habita-
« tion de Nerbudda serait attaquée par les
« terribles ennemis que nous venons d'é-
« craser. Je me borne à vous citer seulement
« ce fait. Ce soir, de vive voix, nous vous fe-
« rons l'histoire de ces derniers jours. Quelle
« solennelle réhabilitation vous devez, l'une et
« l'autre, à ce généreux sir Edward, qui a
« bravé vos haines, vos colères, vos accusations
« accablantes pour ne pas trahir le secret de
« nos nuits. Vous voyez que je sais tout. Quand
« sir Edward était maudit par vous, il venait
« de tenter des efforts héroïques pour sauver
« le comte Elona, prisonnier d'une bande d'as-
« sassins. »

Octavie poussa un cri sourd, se leva vivement, joignit ses mains et regarda la lettre par-dessus l'épaule d'Amalia.

Amalia, suffoquée par des larmes que sa

fierté retenait violemment captives, céda la lettre à Octavie.

La jeune femme relut attentivement le dernier paragraphe, et dit d'une voix étouffée :

— La lettre se termine là... il n'y a plus que quelques lignes insignifiantes... des formules ordinaires... Eh bien! ma chère Amalia.... voyons... essaie de parler... comme je parle moi... de sang-froid... avec calme... Que dis-tu ?... mon ange... c'est accablant... n'est-ce pas ?...

Amalia secouait mélancoliquement la tête à chaque mot d'Octavie; mais ses yeux attestaient qu'une joie intérieure, une joie d'extase dominait toutes les autres émotions.

Octavie raffermissait sa paupière avec sa main et relisait la lettre :

En ce moment les clairons indiens sonnaient sous les balcons de l'hôtellerie, et les soldats cipayes criaient : hourra ! pour le colonel Douglas !

Les deux femmes se précipitèrent vers le balcon, et assistèrent à un spectacle qui donnait à la lettre du colonel la plus éclatante confirmation.

Les prisonniers du combat de Doumar-Leyna traversaient en ce moment la grande rue du village, escortés par les soldats indiens. Vainqueurs et vaincus, ils étaient horribles à voir ; l'histoire de la nuit dernière était écrite sur leurs chairs nues avec des ongles de fer. Leurs visages avaient perdu toute ligne humaine sous un masque de poussière et de sang durci au soleil, et leurs pieds laissaient en passant un stigmate rouge sur chaque pavé.

Après ce défilé, les acclamations redoublèrent avec une véritable furie indienne, vers l'autre extrémité de la rue : le peuple et les soldats saluaient trois cavaliers superbes qui ne se montrèrent qu'un instant, car les chevaux fendaient l'air, mais cet instant avait suffi pour les faire reconnaître, même sous la pluie de fleurs qui descendit de tous les kiosques voisins, et les voilà comme un nuage éblouissant.

Devant l'hôtellerie, une autre foule suivait un homme qui affichait, de distance en distance, des placards écrits en deux langues et conçus de cette façon :

« La noblesse et le peuple sont prévenus
« qu'une grande fête aura lieu demain à Rou-
« djah, pour célébrer la victoire que le colo-
« nel Douglas-Stafford a remportée la nuit der-
« nière, à Doumar-Leyna.

« Le colonel Douglas Stafford savait qu'une
« petite armée de Taugs se recrutait pour re-
« commencer une malheureuse guerre, depuis
« longtemps éteinte, et qui ne doit plus alarmer
« les populations industrielles et agricoles du
« Bengale.

« Des troupes ont été dirigées sur le point
« occupé par les barbares. Elles ont anéanti
« les derniers des Taugs ; ceux qui survivent
« sont prisonniers : de ce nombre est le der-
« nier chef, le vieux Sing. »

Le colonel Douglas savait très bien qu'il lui était impossible de garder secrètes ses opérations militaires, surtout après l'affaire de la dernière nuit, et il se hâtait de les publier, pour prendre l'éclatante initiative de l'indiscrétion, bien persuadé d'ailleurs, comme tout le faisait croire, que le combat de Doumar-Leyna était à jamais décisif dans son cantonnement, et que son effet moral devait encore avoir des conséquences salutaires dans les districts voisins ou éloignés.

Agitée par la double fièvre des veilles et des émotions, Octavie fixa ses réflexions sur une seule pensée, et celle-là domina tout dans son esprit et lui fit oublier tout ce qui n'était pas elle. Mon Dieu ! — avait-elle dit en voyant de toutes parts éclater l'innocence de sir Edward, avec quelle horrible et injuste cruauté j'ai traité cet homme qui avait joué sa vie pour me sauver, une nuit, dans les bois !

Octavie, semblable à la femme folle, qui répète avec acharnement la même phrase, ne trouvait plus sur ses lèvres d'autres mots pour exprimer d'autres idées : elle redisait cette exclamation sur tous les tons, entre des larmes et des sourires, en l'adressant quelquefois, sous une forme interrogative, à sa jeune amie Amalia, qui, absorbée dans un égoïsme d'exaltation bien naturelle, ne répondait qu'en interrogeant à son tour.

La rentrée de M. Tower ramena forcément un peu de symétrie apparente dans cet intérieur domestique.

— Mesdames, — dit le tuteur en tutelle, en prenant une pose de bel homme admiré, —mes chères dames, le land-lord m'a donné l'adresse de M. Francis Green, courtier de nolisement. Il a dans son registre tous les noms des navires actuellement sous charge sur les deux côtes. J'ai compulsé avec attention ce registre qui, du reste, est fort bien tenu. Les navires sont classés par séries, et ils sont dessinés à l'*aqua-tinta* sur une page in-folio, avec les détails de leur contenance, de leur emménagement, *et cœtera et c œ tera.* C'est un beau, curieux et utile travail...

— Quel homme d'à-propos! — dit Octavie en prenant un maintien de résignation mélancolique.

— Plait-il, Madame? demanda Tower d'un air hébété.

— Continuez, continuez, monsieur Tower — dit Octavie en croisant les bras.

Or, voici ce que j'ai découvert fort heureusement, car notez bien que j'étais sur le point de le laisser passer inaperçu, parce que c'était à la dernière feuille, après plusieurs pages blanches, ce qui pouvait m'induire en erreur : dans six jours, l'*Indus*, capitaine Godefroy, met à la voile de Bombay pour Marseille, qui est un port de France, comme vous savez. Il y a demain un convoi de Roudjah à Bombay ; ainsi, on peut aisément profiter du convoi et du navire. Vous ne sauriez dire, mes chères dames, — ajouta Tower en essuyant la sueur de son front — toutes les peines que j'ai prises pour découvrir tout cela. Cette chaleur est accablante ; tout le monde dort; il faut frapper à vingt portes pour trouver un commis ; j'ai sué sang et eau avant de rencontrer M. Francis Green ; il s'est mis très officieusement à ma disposition. C'est un assez bel homme au premier abord, mais on s'aperçoit ensuite qu'il est vulgaire. J'ai causé quelque temps avec sa femme, madame Green, une petite créole vive et qui m'a l'air bien dégourdie. Elle s'est mise en coquetterie avec moi, au premier mot ; mais je connais les femmes, et je me suis montré d'une froideur glaciale et polie, ce qui a un peu déconcerté mon petit lutin. Bref, mes chères dames, on peut partir. Le convoi est prêt, le vaisseau attend. On ne m'a pas conseillé d'aventurer une jeune femme sur tels et tels navires qui sont inhabitables pour la décence de votre sexe. L'*Indus* est convenablement équipé. On y est comme chez soi. M. Francis Green m'a dit, prenez l'*Indus*, et vous serez content ; nous prendrons l'*Indus*.

— Vous avez fini votre discours ? — dit.

Amalia en agitant avec nonchalance son éventail sur son sein.

— Oui, Mademoiselle.

— Eh bien ! monsieur Tower, nous ne prendrons pas l'*Indus !*

— Bah !

— Nous ne partons point.

— Vous ne partez pas ?

— Nous restons, monsieur Tower.

— Madame la comtesse et vous, Mademoiselle !

— Moi, je reste, c'est décidé. Octavie va vous répondre.

— Je répondrai ce soir, dit Octavie, abîmée dans ses réflexions.

— Et que dira M. Francis Green ! demanda Tower d'un air stupide.

— Il dira ce qu'il voudra, — répondit Amalia, — cela m'est bien égal !

— Excusez-moi, Mademoiselle, — dit Tower, d'un ton pénétré ; — je vous aurai peut-être bessée en vous parlant de madame Green ?

— Monsieur Tower, je me soucie fort peu de vos galanteries avec madame Green et autres créoles du pays indien.

— Vraiment, Mademoiselle, je ne me consolerais jamais, si...

— Eh bien! consolez-vous, dit Amalia, d'une voix pleine de charme, et qui fit tressaillir de bonheur M. Tower; — oui, j'ai eu un instant de mauvaise humeur quand vous avez parlé de madame Green; mais je vois votre repentir, et je vous pardonne.

Tower prit la main de la jeune demoiselle, et la baisa tendrement; puis, se redressant avec une fierté de conquérant heureux :

— Mademoiselle, dit-il, je ne conçois pas vraiment la faute que j'ai commise, moi qui connais les femmes !

— Ah ! cela est vrai, monsieur Tower, vous connaissez les femmes comme le serpent du Paradis terrestre les connaissait, dit Octavie en reprenant un visage serein.

— Mais, je me flatte...

— Ne vous flattez pas, monsieur Tower, dit Octavie; laissez-vous flatter par les autres.

— M. Tower prit un air modeste, et chassa légèrement du bout de deux doigts quelques grains de poussière qui n'existaient pas sur la manche gauche de son habit noir.

— Ce que j'aime dans M. Tower, dit Amalia en minaudant devant lui — c'est qu'il est bon et complaisant.

— Mademoiselle, un gentleman véritable doit être l'esclave des jolies femmes.

— Est-il vrai, monsieur Tower, que vous avez toute sorte de pouvoir sur moi, par ordonnance du ministre? dit Amalia.

— Mais entendons-nous, entendons-nous — dit Tower en travaillant péniblement un éclat de rire facétieux — toute sorte de pouvoir! le mot est fort... j'ai un pouvoir de tuteur...

— Enfin — dit Amalia en passant le bout de son éventail sous le menton de Tower — si je voulais vous épouser, vous, me donneriez-vous votre consentement? Avez-vous le pouvoir de vous le donner?

— Charmante! charmante! dit Tower en renouvelant l'éclat de rire cité plus haut, — quel aimable caractère! Tout à l'heure, je vous ai quittée plongée dans la mélancolie, et je vous retrouve dans votre plus adorable gaîté, mademoiselle Amalia.

— En votre absence, monsieur Tower, j'ai fait des réflexions... Mais vous n'avez pas répondu à ma demande, monsieur Tower.

— Que s'est-il donc passé en mon absence? demanda Tower d'un ton visant à la malignité; je parie que l'on s'est beaucoup entretenu de moi.

— Nous n'avons fait que cela, monsieur Tower.

— Oh! je connais les femmes.

— On le sait que vous connaissez les femmes, dit Octavie; mais répondez donc à la question d'Amalia.

— La question de mademoiselle, dit Towe

en aiguisant son regard, est assez embarrassante... Oui, j'ai mes pleins pouvoirs de tuteur de la Chancellerie... Mais, je ne sais trop jusqu'à quel point un tuteur... parce que, voyez-vous, un tuteur peut encourir le reproche d'avoir abusé de sa position pour séduire le cœur d'une pupille, et le cas est grave ; on a une responsabilité. Certes, à tout prendre, nous sommes ici au Bengale, hors du droit commun. On pourrait aussi, avec une enjambée de ruisseau, passer sur le territoire hollandais, dans une île de la Sonde, et alors, les tuteurs et les pupilles ne rendent plus compte qu'à Dieu de leurs actions.—Nouvel éclat de rire de M. Tower.
— Il y a des expédients pour tout ; on peut toujours tout arranger avec de l'adresse et un vaisseau... Ensuite, où est le tort ? quel dommage y a-t-il pour le prochain ? Une pupille a un faible pour son tuteur... Une supposition... Les tuteurs sont des hommes comme les autres, n'est-ce pas ? On s'épouse par libre consentement mutuel. Personne n'a rien à dire à cela.

— C'est incontestable, dit Octavie.

— C'est parfaitement raisonné, dit Amalia.

M. Tower prit un air solennel pour se mettre à la hauteur de cette grande situation.

— Ainsi, poursuivit Amalia, il est bien convenu que nous pourrions nous marier, vous et moi, monsieur Tower, si cela nous plaisait?

M. Tower élargit ses mains énormes, en étendant ses bras et inclinant la tête.

— A plus forte raison, continua la jeune demoiselle, vous pouvez donner votre consentement à un autre homme qui me demanderait en mariage et que j'accepterais pour époux?

— A plus forte raison, dit Tower, trop sûr de son triomphe pour regarder la demande d'Amalia comme un piège.

— Eh bien! dit Amalia, voici une lettre du colonel Douglas que je vous prie de lire avec attention.

Tower lut la lettre, et quand il fut arrivé au paragraphe essentiel, il se redressa fièrement et lança un regard sévère à sa pupille.

— Vous avez compris, monsieur Tower? dit Amalia d'un ton léger.

— Comment! dit Tower, ce petit Elona vous demande en mariage? Quelle insolence!

— C'est ce que j'ai dit comme vous, monsieur Tower. Eh bien! après réflexion faite, j'accepte sa proposition.

— Mais c'est un enfant! un enfant véritable! mademoiselle.

— Oui, il a le malheur d'avoir vingt-cinq ans. C'est un grand défaut; mais lorsqu'une demoiselle est trop difficile, elle ne se marie jamais.

— Je tombe de surprise, mademoiselle!

— Relevez-vous, monsieur Tower, dit Octavie, et dites comme moi à Amalia, épousez le comte Elona Brodzinshi, c'est la volonté de Dieu.

— Les voici, s'écria Amalia en battant des mains.

Les acclamations des soldats indiens et le galop des chevaux retentirent subitement sous les fenêtres de l'hôtellerie. M. Tower, l'œil fixé sur le plancher, avait croisé ses mains et il les faisait glisser du menton sur la poitrine, en pantomime de détresse. La porte s'ouvrit, et le colonel, Edward et Elona entrèrent dans la salle, après avoir été annoncés par le land-lord.

Octavie se laissa dominer par une idée généreuse qui semblait s'écarter un peu des convenances, elle s'avança vers sir Edward et lui tendit la main, avec une expression de regard qui demandait l'oubli des scènes précédentes. Edward n'eut pas l'air de comprendre ; il feignit d'accepter cette démonstration comme une politesse amicale de grande dame envers un visiteur, et il engagea légèrement l'entretien, comme si l'heure présente n'avait eu aucun antécédent fâcheux.

— Nous avons obéi à notre colonel, — dit-il, — le comte Elona et moi, nous voulions renvoyer notre visite à demain. Le colonel Douglas a parlé en maître ; il a fallu le suivre. Nous venons engager nos danseuses pour le bal.

— Nous acceptons nos cavaliers, — dit Octavie avec son sourire des beaux moments, — à condition qu'ils nous raconteront l'histoire complète de ces derniers jours...

— Qui sont des nuits, — dit Edward en prenant le siége qu'Amalia lui présentait.

— Mesdames, — dit Douglas, qui venait de placer les mains du jeune comte dans les mains d'Amalia, — vous excuserez des soldats un jour de victoire. Nous n'avons que quelques instants à vous consacrer aujourd'hui. Il y a beaucoup d'affaires à régler avant la nuit, beaucoup de dépêches à écrire, beaucoup de soldats à récompenser. Cependant je vais vous faire en abrégé, et en attendant mieux, l'histoire demandée. Nos deux amis s'acquitteraient mal de ce récit ; ils s'oublieraient par distraction. Moi, je serai court et je n'oublierai personne, pas même mes amis.

Alors Douglas raconta aux deux dames tout ce qu'elles ignoraient et ce que nous savons déjà.

— Monsieur Tower, — dit Douglas, en finissant,—je vous ai rencontré ici avec plaisir. Mademoiselle Amalia vous a sans doute communiqué ma lettre, et vous avez sans doute déjà accordé ce que l'on vous demande par politesse, par déférence ; comprenez-vous, monsieur Tower ?

— Oh ! monsieur Tower connaît ses devoirs autant que ses intérêts véritables,—dit Octavie en se levant avec un sourire provocateur de coquetterie délicieuse, et serrant la main du tuteur, je reponds de lui, il signera le premier au contrat.

M. Tower, subjugué par la grâce de la jeune comtesse et par l'éclat velouté de deux yeux divins qui semblaient en extase devant lui, dit avec une émotion comique :

— Je ne fais et ne puis faire aucune opposition au mariage de ma pupille ; je signerai au contrat des deux mains.

— Une suffit, dit Octavie, et je garde l'autre pour moi.

Tower se redressa plus beau que jamais.

— A demain donc, au bal, mes belles dames, dit Douglas en se levant ; excusez-nous, encore une fois, en faveur de la circonstance. Nous terminerons tout demain, n'est-ce pas, comtesse Octavie ?

— Tout, dit Octavie, et même davantage.

Et elle tendit la main à sir Edward.

— A propos, — ajouta-t-elle, — donnez-moi des nouvelles de mon guide Nizam, sir Edward.

— Madame, Nizam sera bien sensible à votre souvenir. Votre gracieuse parole nous le rendra demain complètement guéri.

— Nizam est malade, sir Edward ?

— Ce matin, madame, au vallon des Taugs, son front a effleuré une balle ; mais Nizam a un front de métal, c'est la balle qui a été blessée, aussi cela ne l'empêche point de travailler dans son atelier à un magnifique ouvrage qu'il vous destine comme cadeau,

— A moi, sir Edward, Nizam me destine un cadeau ?

— Oui, madame, — dit Edward en souriant avec amour, — Nizam vous destine un charmant tapis de boudoir avec cette devise, empruntée à l'oracle de la sibyle homérique de Smyrne : *Souvenir d'une action grande ou vulgaire, mais inventée pour me plaire, et accomplie pour moi.*

— Ah ! je connais cette devise, sir Edward, — dit Octavie avec une émotion mal dissimulée par un léger éclat de rire ; — mais cela ne m'explique pas le cadeau.

— Le cadeau est bien simple ; c'est une superbe peau de tigre, avec des griffes dorées, et une émeraude de la grosseur d'une balle au milieu du front. Acceptez-vous le cadeau, — ajouta Edward d'une voix pleine de tendresse, l'acceptez-vous ? c'est une galanterie du pays.

— Oui, sir Edward, je l'accepte.

— Et mon étoile ?

— Sir Edward, votre étoile aura tort.

On échangea encore, entre tous, quelques paroles insignifiantes, et Douglas et ses deux amis prirent congé des deux dames, après avoir répété vingt fois sur tous les tons : A demain !

M. Tower, au comble du bonheur, arrondit gauchement son bras droit, et l'offrit, en inclinant la tête, à la jeune et belle Octavie, pour la conduire à son appartement.

UN BAL DE NOCES AU BENGALE.

J'ai lu et entendu raconter bien des fables monstrueuses, mais cette histoire surpasse toute fiction.

(CAPTAIN TAYLOR. *Confessions of a Thug.*)

II

Ces trois syllabes, *à demain !* échangées entre les héros de cette histoire, à l'hôtellerie de Roudjah, avaient une signification étendue, comprise de tous. Elles voulaient dire que la veille étant trop courte et trop occupée, pour terminer tant d'affaires importantes, il fallait ajourner au lendemain leur dénoûment prévu. Il y avait là trois mariages inévitables, et que rien désormais ne pouvait plus contrarier, tous les obstacles ayant disparu. Aussi, une pareille histoire s'accomplissant ou se racontant dans le cadre de nos villes d'Europe, serait terminée à ces mots : *à demain!* Le narrateur se bornerait, par ampliation, en forme d'épilogue, à enregistrer un triple hyménée, dans les bureaux de l'état civil des romanciers, en faisant observer au lecteur que la loi imprescriptible du croisement des races devait triompher de tous les empêchements suscités par les hommes et les choses. Mais nous sommes au Bengale ; et ce qui serait regardé comme accompli à Paris ou à Londres, peut encore recevoir quelque contrariété dans la sauvage province de Nizam. Au cœur de l'Inde, une nuit seule a vu naître et mourir bien des évènements, et souvent la veille n'y tient pas la promesse qu'elle a faite au lendemain.

Dans la vaste cour intérieure de l'habitation de Nerbudda, deux heures avant le coucher du soleil, un orchestre asiatique exécute les airs de danse que l'Angleterre a lourdement inventés pour ses bals. Pas une famille voisine, conviée à deux lieues à la ronde, ne manque au rendez-vous de fête. C'est le bal du mariage d'Arinda et de la récente victoire du colonel Douglas, évènements trop rares au pays pour négliger de les célébrer avec toute la pompe et toute la joie possibles. On dansera donc jusqu'à la nuit, et après le festin du Nabab, on dansera jusqu'au jour. Tel est le programme rédigé par miss Arinda, et adopté avec enthousiasme par toutes les nuances de visages invités sans distinction ; preuve incontestable que la danse est la seule joie de l'humanité dolente, quel que soit son épiderme ou sa langue, et que le meilleur des rois blancs, noirs, jaunes, rouges ou cuivrés, serait celui dont la charte proclamerait l'éternité du bal dans ses états.

Sir Edward, debout sur le seuil de l'habitation, regardait, avec inquiétude, deux choses, le chemin de Roudjah et la forêt. De temps en temps, le colonel Douglas venait le joindre, et sa figure, joyeuse devant Arinda, se faisait soudainement triste et semblait demander une explication.

— Toujours rien! disait Edward... Personne!... Je ne comprends pas la conduite de mon brave Nizam!... Il devrait être ici... les Taugs ne l'occupent plus... N'est-ce pas, Douglas?

— Oh! les Taugs nous laisseront respirer longtemps, je pense, disait Douglas, ils ont reçu la plus rude et la plus complète des leçons; et ils ont perdu leur vieux Sing. Mon cantonnement est libre.

— Que ferez-vous de ce vieux Sing, Douglas?

— C'est un pauvre diable, digne de pitié; je l'ai fait emprisonner dans la basse-cour de l'habitation, à côté de la ménagerie. Arinda m'avait dit : *Pour cadeau de noces, apportez-moi le vieux Sing dans une cage.* L'évènement m'a servi à souhait.

— L'évènement nous sert toujours, ou presque toujours, cher Douglas, lorsque l'on a courage de tout oublier, et de se fier à lui ; je vous le disais dernièrement : dans les crises impérieuses. il faut d'abord faire l'inévitable, sans se soucier du reste, et le reste arrive souvent selon vos désirs. Voyez ce bal. Nous avons laissé miss Arinda disposer cette fête, dans un moment où rien ne faisait pressentir la possibilité d'un dénoûment joyeux ; eh bien ! la Providence, qui se déguise en Hasard, pour ne pas nous humilier, a eu pitié de nous, et nous a ménagé ce bal à heure fixe. Miss Arinda et ses invités ne savent pas sur combien d'écueils son mariage et sa fête ont dû se briser avant ce jour ! Autant de soucis que nous lui avons épargné !... Il m'en reste quelques-uns, cependant, à moi... Ce Nizam ! ce Nizam ! qui ne vient pas... Si c'était un autre homme, on pourrait à peu près deviner l'endroit où il fait des lieues à cette heure; mais Nizam, lui !... il est peut-être à Madras ou à Bombay !... Ou bien, il est allé offrir ses services au capitaine Taylor, pour recommencer dans les autres cantonnements. avec d'autres Taugs, la guerre terminée ici, à son grand regret... Quel diable de Nizam !

— Il vous est donc bien nécessaire, en ce moment, mon cher Edward ?

— S'il m'est nécessaire ! belle question ! il ne m'a jamais été plus nécessaire qu'en ce moment !... Mon cher Douglas, entendez-vous ce charivari indo-chinois que l'orchestre de notre bal exécute avec des *bins,* des *los,* des *sitars,* des *jérecks,* pour faire sautiller gauchement, sur deux lignes, nos invités des deux sexes. Cela serait admirable à la salle de *King's William street,* ou au Panthéon de Madras, ou à *Surrey-Garden,* ou au Wauxhall ; mais je cours la chance de perdre ici une seconde fois la comtesse Octavie, si elle tombe à Nerbudda au milieu de ce vacarme d'enfer chinois. La comtesse Octavie peut arriver d'un moment à l'autre : elle a voulu laisser passer les heures les plus ardentes du jour...

— Cela est fort bien, mon cher Edward,

mais je ne comprends pas ce que ferait Nizam pour donner un autre caractère à notre bal.

— Nizam exécuterait au piano toutes les contredanses que miss Arinda reçoit de Paris. Vous figurez-vous la joie d'Octavie si nous la recevions avec un quadrille de *Fra-Diavolo!*

— Vous avez raison, Edward... mais on peut remplacer Nizam... Je vais prier miss Arinda...

— Ne priez pas, Douglas, c'est inutile. Miss Arinda danse, et ne veut pas faire danser. Au reste, miss Arinda doit recevoir la comtesse à son arrivée. C'est convenu.

— Il est possible, Edward, que Nizam soit en visite chez les soldats que j'ai laissés dans le bois, par luxe de précaution, jusqu'à demain.

— Non, Douglas. Ce genre de visites n'est pas dans les mœurs de Nizam. Il est fier. Il ne s'exposerait point à être traité d'égal à égal par un soldat indien... Cette absence me contrarie et m'inquiète... Douglas, la nuit tombée, fermons, selon l'usage, portes et fenêtres ; barricadons-nous. La cour intérieure où nous dansons est vaste, fraîche, aérée, et nous n'y redoutons aucune attaque nocturne...

— Y songez-vous, Edward ? dit Douglas en riant aux éclats ; la prudence vous arrive après le danger. Nos Taugs anéantis, leur vieux Sing prisonnier dans Nerbudda ; trois cents hommes embusqués dans le bois...

— Oui, oui, Douglas, cela rassure, j'en conviens... Il faut songer à protéger les femmes... Je ne m'inquiète ni de moi, ni de vous, Douglas...

— Je le sais bien, Edward ! l'amour vous rend poltron.

— Vous l'avez dit, Douglas. En songeant qu'Octavie doit passer la nuit à Nerbudda, je me fais poltron, ou prudent, ce qui est souvent la même chose la nuit.

On arrive toujours au moment et sur le terrain où l'on n'est pas attendu, ainsi que sir Edward l'a reconnu dans sa théorie de l'attente, développée au comte Elona. Le colonel Douglas et sir Edward, ayant épuisé les conjectures, sur le seuil de la porte, venaient d'être appelés à la salle du bal par miss Arinda, qui se plaignait de la trop longue absence de ses amis. L'éternelle contredanse anglaise, galvanisée par l'orchestre chinois, se développait alors sur deux lignes, sans mélange de sexes, et formait des figures étranges, inventées sur place, selon le caprice des dames et des cavaliers. On aurait cru voir jouer en action une grande partie d'échecs, semblable à celle qu'imagina don Juan d'Autriche devant Boy le Syracusain, lorsque trente-deux pièces vivantes, de toute taille et de toute couleur, se croisèrent avec des contorsions fantasques, sur un immense échiquier de dalles de marbre blanc et noir.

En ce moment, la comtesse Octavie entra.

Elle entra d'un pas vif et léger, avec les plus gracieuses ondulations de tête et de corps, avec le plus charmant de ses sourires, comme elle serait entrée dans le salon de son hôtel, et la contredanse s'arrêta sur ses trente-deux pieds, pour admirer la radieuse étrangère ; et l'orchestre se tut pour écouter cette voix mélodieuse qui chantait en parlant.

Douglas et Edward s'élancèrent du fond de la salle pour la recevoir ; elle quitta lestement le bras du comte Elona, et serrant affectueusement les mains des deux amis :

— Colonel Douglas, — dit-elle avec une vivacité délirante, — ne laissez donc pas interrompre la danse. Votre salle de bal est charmante, toute tapissée de verdure et de fleurs ; quatre tentures d'espaliers ; des fontaines partout, des néfliers du Japon qui nous regardent danser par-dessus les murs; un orchestre fabuleux. Eh bien ! sir Edward, vous ne dansez pas ?

— Je vous attendais, Madame.

— Oh ! vous êtes trop exigeant ! Nous descendons de palanquin ; nous avons laissé Amalia sur la terrasse ; elle est affligée du bras de

M. Tower. C'est son dernier malheur. Amalia est en admiration devant le paysage de Nerbudda. Moi, je le connais, et je puis me dispenser de l'admirer une seconde fois ; n'est-ce pas, sir Edward ? Colonel Douglas, présentez-moi à la jeune maîtresse de la maison, je parie de la reconnaître parmi ces vingt danseuses... C'est cette demoiselle qui a des fleurs d'ivoire dans de superbes cheveux noirs, et qui nous regarde avec des yeux si grands, et pourtant si beaux.

— C'est miss Arinda, vous l'avez deviné — dit le colonel, en s'éloignant du groupe, avec le comte Elona.

— Oh! j'étais bien sûr — dit Edward avec un sourire plein de finesse — que la comtesse Octavie ne se tromperait pas.

— Sir Edward — dit Octavie, en frappant légèrement avec son éventail la main d'Edward — avez-vous mis une intention dans cette remarque ?

— Si vous en doutiez, Madame, vous ne le demanderiez pas.

— Ah! voilà qui est singulier! je demande parce que je doute.

— Eh bien! Madame, dans ma remarque, il y avait une intention. Vous avez reconnu miss Arinda ; vous l'aviez déjà vue, sous mon bras, un matin.

— C'est vrai, sir Edward... cela dit encore une fois, nous n'en parlerons plus. Laissons le passé dans son néant, ne le regardons pas.

— Moi, Madame, je n'ai deux yeux que pour mon avenir.

— N'en réservez-vous pas un pour le présent, sir Edward?

— Le présent n'existe pas.

— Et que faisons-nous en ce moment, sir Edward?

— Nous passons.

— Je vois, sir Edward, que votre étoile nuptiale vous donne de l'inquiétude...

— Je vois, Madame, que vous ne m'avez

encore promis que le passé. Madame, c'est bien peu de chose pour un homme qui compte sur l'avenir. Mon étoile prend des allures de comète.

—Montrez-la moi sur l'horizon votre étoile, sir Edward, et je lui donne un démenti en face, vous verrez.

— Attendez la nuit, Madame ; mon étoile n'est pas levée; en ce moment elle brille encore par son absence.

— Sir Edward, vous ne méritez pas d'être heureux. Vous prenez un malin plaisir, je crois, à vous porter malheur ; vous vous servez de mauvaise étoile à vous-même...

— A Smyrne, vous m'avez dit la même chose, Madame ; c'était aussi dans un bal, au son des instruments...

— A Smyrne, je n'étais pas sincère...

— Prouvez-moi que vous l'êtes maintenant.

—Avez-vous oublié, sir Edward, que j'ai accepté hier le cadeau de Nizam ?

— Vous êtes entrée aujourd'hui, ici, dans

cette salle, Madame, avec un air si joyeusement distrait, que j'ai cru moi, que vous aviez tout oublié.

— Les hommes sont vraiment étranges ! Oui, sir Edward, il fallait pour vous plaire, ne demander que vous, ne regarder que vous, n'aborder que vous en entrant ici. Vous êtes injuste, sirEdward!

— Comtesse Octavie, je vous aime.

— A demain, sir Edward.

— Encore à demain !

— Le présent n'existe pas.

La contredanse finissait avec ces paroles. Le colonel Douglas conduisait Arinda vers Octavie, au moment où Amalia et M. Tower arrivaient aussi de l'autre côté, avec le nabab.

Pendant que des formules de politesse européenne et d'hospitalité indienne s'échangeaient entre nos personnages, sir Edward avait regagné son poste d'observation sur le seuil de la porte, pour attendre Nizam. Quelle femme ! disait-il dans un monologue mental qui agitait silencieusement les lèvres, quelle femme ! Si je n'avais qu'un seul bon sens dans la tête, je l'aurais déjà perdu avec ce démon ! Combien ai-je subi d'épreuves cruelles pour l'amour de cette comtesse !... Quelle femme !... elle veut se faire gagner comme un paradis !... Eh bien ! elle a raison.

M. Tower était arrivé à ce bal de colons indiens avec son costume solennel des bals de Londres, et il s'étalait pompeusement au milieu des groupes de femmes créoles, en affectant de passer en revue toutes les gerbes de fleurs qui jaillissaient au pied des murs de la vaste salle. De cette manière, il laissait toute liberté de regards à l'admiration dont il était enveloppé par le beau sexe indien. Lorsqu'il jugea que chaque femme l'avait suffisamment détaillé dans toutes ses perfections européennes, il coupa une branche d'*yucca gloriosa*, ornée de ses clochettes, et vint l'offrir à la comtesse Octavie, avec un mélange de respect et de familiarité qui devait laisser supposer bien des choses aux autres dames du bal.

Cependant la nuit arrivait ; miss Arinda, légère et vive comme l'oiseau du Bengale, croisa ses bras avec les bras d'Amalia et d'Octavie, et ouvrit la marche, pour entraîner et guider les convives à la salle du festin. Les domestiques des deux sexes, que ne réclamait pas le service de la table, continuèrent le bal.

Au repas, la conversation fut absorbée par la récente victoire du vallon des Taugs. Les colons, intéressés à la paix de leurs campagnes, accablèrent de questions le colonel Douglas, qui donna toute satisfaction à la curiosité de ses convives.

Douglas et Edward échangeaient souvent des signes et des regards d'intelligence compris d'eux seuls.

Après le repas, miss Arinda se leva pour ménager une surprise à la société. Elle courut à la salle voisine, se mit au piano, et aux premiers accords, tous les convives se levèrent avec des cris de joie, et firent cercle autour de la jeune artiste, reine de Nerbudda.

Edward, toujours préoccupé de l'absence inexplicable de Nizam, fit ses dispositions, comme si la victoire de Doumar-Leyna n'eût pas anéanti les Taugs de ce canton. Profitant de la diversion favorable opérée par les accords du piano, il ferma les portes et les croisées basses, ne laissant à la circulation de l'air extérieur que les soupiraux étroits ménagés sous les cintres, à travers lesquels on voyait luire les étoiles et flotter les cimes des arbres; et quand il eut reconnu que la maison était suffisamment défendue contre un hardi coup de main, il cessa de trembler pour sa comtesse Octavie; car, en supposant qu'une centaine de Taugs échappés au massacre, vinssent tenter une attaque folle et désespérée contre la forteresse de Nerbudda, les soldats embusqués dans le voisinage auraient tout le temps nécessaire pour accourir avec leur agilité bien connue, et anéantir ce reste d'ennemis sur la terrasse de l'habitation.

Le colonel Douglas, plein de confiance en Edward, le laissait agir et calculer les chances, comme il l'entendait dans sa sagesse ; et pour n'éveiller aucune alarme, il se tenait debout devant le piano d'Arinda, et tournait les feuillets de la partition.

Un seul regard que rien ne pouvait tromper, une seule oreille que rien ne pouvait distraire, ne se fixait pas sur la jeune artiste, n'écoutait pas les mélodies de l'instrument. La comtesse Octavie ne perdait pas de vue sir Edward ; ou, du moins, elle suivait les mouvements de son ombre sur les marbres du vestibule; elle distinguait le bruit léger de ses pas, hasardés avec trop de précaution mystérieuse, et elle s'inquiétait vaguement de cette conduite étrange et impossible à expliquer.

M. Tower, debout auprès du piano, battait faussement la mesure avec deux doigts sur l'angle d'acajou, et prenait des airs d'extase, en secouant mollement la tête et laissant tomber par intervalles sur Octavie de doux regards énivrés de musique et d'amour.

Tout à coup, la tête de M. Tower s'immobilisa raidement sur le cou et ses grands yeux ternes se plombèrent de stupéfaction.

La comtesse Octavie, avançant avec un air de mystère son charmant visage par-dessus des têtes créoles, regardait M. Tower, et son doigt indicateur, prudemment caché par des boucles de cheveux, invisible pour tous, excepté pour le tuteur, son doigt se courbait en virgule, et se redressait en point d'admiration, signe qui veut dire en toute langue *venez!*

Tower fut admirable de prudence et de discrétion. Il contint une explosion de joie bien naturelle, sous un masque diplomatiquement sérieux, et son regard affectant cette finesse d'expression que donne l'expérience des bonnes fortunes, répondit : *J'y vais.* Il se dégagea du groupe qui l'emprisonnait, mais avec une lenteur de mouvements dont il laissait apprécier l'ingénieux mécanisme à la comtesse ; il prit ensuite l'allure de l'amateur qui s'éloigne malgré lui comme suffoqué par l'admiration et va chercher dans un coin de la salle une place plus assortie à son enthousiasme et à son recueillement.

Miss Arinda, excitée par les bravos, et toute nouvelle dans son triomphe de jeune fille, épuisait avec une verve indienne les feuilles de ses partitions ; et le colonel Douglas, qui, au début, tournait les pages avec une complaisance pleine de distraction et d'inquiétude, séduit lui-même par la grâce de sa mélodieuse fiancée, avait oublié Nizam, Edward, les Taugs, l'univers, et s'abandonnait au charme de cette nuit enivrante, qui donnait la lumière de ses étoiles et les parfums de ses grandes fleurs à cette salle de fête joyeusement agitée sous les doigts harmonieux d'Arinda.

— Je vous demande votre bras, mon cher monsieur Tower, pour deux tours de promenade dans cette galerie,—dit Octavie au tuteur, quand il se fut approché, après beaucoup de détours, habilement calculés, à son avis.

— Je suis tout à vous, madame... J'ai été forcé, comme vous avez vu, de modérer mon empressement, à cause de... des... J'ai l'habitude de ces choses... Il y a des jeunes gens étourdis qui, au premier signe d'une femme...

— C'est bien, monsieur Tower. Oh! vous n'êtes pas étourdi, vous!... Je vous avoue, monsieur Tower, que j'aime assez froidement le piano quand il ne se marie pas avec la voix.

— Voilà justement, Madame, ce que je pensais, lorsque votre signe...

— Et puis, vous ne trouvez pas, Monsieur Tower, que la chaleur est étouffante dans cette galerie?

— Etouffante, madame, surtout pour moi qui ai gardé le costume européen, le seul décent pour un bal avec des dames; tandis que ces jeunes gens manquent à toutes les convenances, en portant l'habit négligé du planteur colonial. C'est vraiment une horreur.

En causant ainsi, Octavie avait entraîné Tower dans le vestibule, où elle surprit Edward au milieu de ses préparatifs de défense.

— Eh bien! sir Edward — lui dit-elle en affectant une grande nonchalance de parole — vous évitez la musique et les musiciens! Cela m'étonne fort; je vous croyais plus passionné pour les beaux-arts.

— En l'absence de Douglas, Madame, dit Edward un peu déconcerté, je donnais quelques ordres aux domestiques, et j'allais entrer dans la salle du piano, pour écouter miss Arinda.

M. Tower avait pris une pose triomphale, et il se faisait ressembler à un homme heureux qui demande aux autres pardon de son bonheur.

— Sir Edward, poursuivit la comtesse, voilà une porte fermée comme la poterne d'une citadelle; la nuit doit être charmante sous les arbres de la terrasse ; je voudrais bien y faire quelques tours de promenade avec M. Tower.

— Y songez-vous, madame ? — dit Edward en riant faux ; — nous ne sommes pas à votre château de Meudon ; nous sommes au cœur du Bengale. Il y a là-bas, près des fermes, des voisins qui ne sont pas des agneaux.

— M. Tower, lui, ne craint pas ces voisins; n'est-ce pas, Monsieur Tower ?

— Moi, Madame, dit Tower ému, je ne crains rien lorsque j'ai une jolie femme sous le bras... Cependant...

— Cependant..... vous craignez tout, dit Edward.

Tower se releva fièrement.

— J'aurais été bien aise aussi, dit Octavie, de voir si l'étoile de sir Edward est levée à l'horizon.

— Cette nuit, Madame, dit Edward avec un sérieux effrayant, — les affaires de ce bas monde m'empêchent de regarder le ciel.

— Sir Edward — dit Octavie émue — je crois deviner votre parole, mais je ne comprends pas votre figure.

— Ce que dit sir Edward — remarqua Tower — me paraît assez clair à mon sens. Il a beaucoup d'affaires dans ce monde, et alors...

— Monsieur Tower, dit Octavie, vous n'avez rien compris. Vraiment, poursuivit la jeune femme avec une voix pleine de tendresse — vraiment, sir Edward, il se passe en vous quelque chose d'extraordinaire. Votre figure n'est plus à la disposition de votre volonté d'homme : elle exprime des sentiments mystérieux que vous essayez en vain de refouler au fond du cœur ; il y a, dans votre âme, une lutte violente qui éclate malgré vous sur vos traits. Votre gaîté n'est plus qu'une grimace maladroitement faite ; la fièvre bout dans toutes vos artères. Sir Edward, vous n'êtes plus sir Edward, répondez.

— Madame, ôtez une femme et cette nuit de ce monde, et je serai encore sir Edward.

— Comme il dit cela! venez, venez, ajouta Octavie avec émotion, rentrez avec nous. La musique vous rendra votre caractère. Je chanterai. Oui, je chanterai un de vos airs favoris ; quelque belle cavatine du *Crociato* de *Tancredi* ou de l'opéra nouveau de *Robert*... Allons, obéissez, Monsieur. Venez.

Edward se laissa entraîner par la comtesse Octavie, et miss Arinda lui céda sa place au piano.

M. Tower se disait à lui-même : la comtesse veut me donner de la jalousie ; c'est évident. Je connais les femmes! N'ayons pas l'air de remarquer ce jeu, mal joué pour un œil comme le mien. Cette femme est prise ; il faut tenir bon.

Il se fit un grand silence. Octavie embrassa miss Arinda, rejeta, par un mouvement gracieux, ses cheveux en arrière, distribua des sourires à son auditoire, et allongeant ses beaux bras nus vers le clavier, elle commença le grand air du quatrième acte de *Robert-le Dia-*

bitation. Dans les intervalles des couplets, on distinguait même les cris de joie du vieux Sing qui applaudissait dans sa prison à cette mélodie qui descendait du firmament.

Le chant cessa; les applaudissements éclatèrent; sir Edward rayonnait de bonheur; ses yeux venaient de rencontrer un de ces regards qui resplendissent d'avenir.

Tout à coup, on entendit une autre voix qui semblait répondre au chant d'Octavie, du haut des arbres de la terrasse, et les têtes se levèrent spontanément vers les éclaircies des soupiraux aériens, pour recueillir cet autre chant qui venait du dehors.

Une voix douce chantait cette mélodie indienne, dont les premiers accords firent tressaillir de joie tout l'auditoire créole, et mirent la terreur sur les visages héroïques de Douglas et d'Eward.

ble, alors, comme aujourd'hui encore, jeune de mélodie, de grâce et de passion.

La voix de la jeune femme vibrait avec des modulations célestes sous les lambris de la salle, et s'échappant par les soupiraux aériens des cintres, elle se répandait dans les bois voisins, et faisait tressaillir les soldats indiens parmi les massifs de l'embuscade. Ces enfants du Bengale, tous artistes de la nature, regardant le chant de la femme et les accords d'un instrument comme deux voix de leur ciel, ne s'étaient jamais trouvés à pareille fête ; ils s'avancèrent pas à pas vers l'habitation, comme si un magique charme les eût arrachés à leur poste militaire, n'écoutant plus la voix de leurs chefs, qui donnaient eux-mêmes mollement des ordres jugés inutiles. D'ailleurs, la victoire du vallon des Taugs, l'absence de tout danger semblaient excuser ce relâchement dans la discipline ; et la voix de la comtesse Octavie, plus impérieuse que celle du devoir, les attira tous sur la terrasse, à dix pas des fenêtres de l'ha-

L'ÉMIR DE BENGADOR.

(Traduction libre.)

Si tu savais que je t'adore
Comme l'étoile aime le ciel,
Comme l'abeille du Mysore
Aime la fleur où naît le miel,
Tu viendrais, à l'heure où le Gange,
Au golfe bleu va s'endormir,
Tu viendrais t'asseoir, ô mon ange,
Sous les rosiers de ton Emir.
   Là, ma douce reine,
   Sous la nuit sereine
   Après un beau jour,
   Les fleurs ranimées,
   Les rives aimées,
   Les nuits embaumées
   Tout parle d'amour !

— Mais c'est charmant, s'écria Octavie en battant des mains, on me fait concurrence sur les arbres. La mélodie est délicieuse et pleine de naturel. Je crois avoir saisi le mouvement ; au second couplet, j'accompagne le chanteur... Connaissez-vous ce chanteur nocturne, miss Arinda ?

— Il me semble, dit Arinda, que j'ai reconnu la voix de mon accordeur.

— Approchez-vous donc, sir Edward, dit Octavie, vous vous tenez à l'écart comme un musicien jaloux. Venez donc me traduire les paroles, vous qui savez l'indien.

Edward traversa la foule, et dit en passant à l'oreille du comte Elona, en lui serrant énergiquement la main : Mettez-vous à deux pas de la porte, et au premier cri *ouvrez!* que poussera Nizam, obéissez.

— Madame, dit Edward, en se plaçant nonchalamment à l'angle du piano, les paroles des chansons indiennes se ressemblent toutes. C'est toujours un homme qui dit à une femme trois mots en vingt-quatre vers.

— Si les trois mots sont bien choisis, ils méritent d'être traduits, sir Edward.

— Je vous aime.

— C'est la chanson qui parle?

— Et je la traduis pour mon compte, Madame.

— Silence! écoutons l'autre couplet. Je l'accompagne au vol.

    Si tu venais, ô nompareille,
    Comme tu faisais autrefois
    Pour dérouler à mon oreille
    Toutes les perles de ta voix ;
    Je te donnerais, ô mon ange,
    Mon beau palais de Bengador,
    Qui met son jardin sur le Gange,
    Et sur la mer ses balcons d'or :
        Là, ma douce reine,
        Sous la nuit sereine
        Après un beau jour,
        Les fleurs ranimées,
        Les rives aimées,
        Les nuits embaumées,
        Tout parle d'amour !

    Si tu voyais quelle merveille
    Change d'un signe de ma main
    La pauvre fille de la veille
    En sultane le lendemain,
    Tu croirais demain, ô mon ange,
    Que le Dieu bleu du firmament.
    Est revenu sur notre Gange
    Avec le nom de ton amant :
        Là, ma douce reine,
        Sous la nuit sereine
        Après un beau jour,
        Les fleurs ranimées,
        Les rives aimées,
        Les nuits embaumées,
        Tout parle d'amour !

Des trépignements de joie saluèrent le chanteur inconnu qui venait se mêler à la fête, et prendre sa part du concert. On criait de toutes parts : Il faut ouvrir la porte à l'artiste indien...

— Vraiment, sir Edward, dit la comtesse en croisant ses bras, et inclinant la tête, je vous le dis encore une fois, ce soir vous êtes méconnaissable... Allez donc ouvrir la porte à ce pauvre Indien, qui chante pour avoir du pain.

— Nous connaissons ce chanteur, Madame ; c'est notre pensionnaire. On a soin de lui.

Une explosion de cris terribles retentit bientôt dans les salles basses, comme si un volcan eût éclaté dans les cours intérieures de l'habitation. Miss Arinda courut vers son père pour le couvrir de son corps ; Amalia, la jeune orpheline du désastre de Missolonghi, ne démentit pas sa noble origine : elle fit luire soudainement sur son sein un poignard, en lançant des regards de flamme vers l'escalier. La comtesse

Octavie se souvint aussi de l'honneur de son pays, et, sans s'émouvoir, elle continua l'accompagnement de la chanson indienne sur le piano. Un formidable hurlement de femmes, comme on l'entend aux villes prises d'assaut, retentit dans le vestibule, et tous les serviteurs des deux sexes, envahirent la salle, et montrèrent des visages bouleversés par toutes les contractions d'un effroi sans pareil. Edward s'était écrié :

— Comtesse Octavie, voilà mon étoile qui se lève, mais elle se couchera sur mon cadavre, vous allez voir !

Il enleva Octavie avec une irrésistible violence de protection, car Edward ne voyait qu'elle dans cet horrible tumulte, et la reléguant à l'extrémité de la salle, et lui faisant un rempart de meubles amoncelés, il se plaça sur cette barricade improvisée en un clin-d'œil, avec une provision d'armes toutes prêtes sous sa main.

— Ouvrez! ouvrez! cria Nizam d'une voix de tonnerre.

Elona, Douglas, et quelques domestiques, placés à la première marche de l'escalier qui descendait du vestibule aux salles basses, avaient engagé un combat terrible avec une bande de Taugs qui semblait sortir de l'enfer. Les décharges des armes à feu ébranlaient la maison. Le nabab avec ses amis créoles se dégagèrent des mains des femmes et vinrent se mêler à la bataille. Les Taugs montaient, montaient toujours, laissant des cadavres sur chaque marche ; et le petit nombre de défenseurs allait succomber sous l'attaque de deux cents démons, lorsqu'Elona, entendant le cri de Nizam, se précipita vers la porte et l'ouvrit. Aussitôt le bataillon des soldats de Moss inonda le vestibule, et roula comme un torrent de feu sur l'escalier, entraînant tout, renversant tout, avec une force d'impétuosité irrésistible, au milieu d'une tempête de rugissements qui dominaient encore le fracas des détonations.

Taugs et soldats tombèrent ensemble comme une cataracte de bronze vivant dans les abîmes des cours inférieures, où les lumières de la fête éclairèrent une scène inouïe de carnage et de désolation. Là se découvrit le stratagème d'attaque préparé par dix ans de travaux souterrains, et dont le but, cette nuit, était l'enlèvement du vieux Sing. Les Taugs échappés au carnage de leur vallon avaient tenté ce dernier coup. Une brèche horizontale, large comme l'ouverture d'un puits, se montrait béante à l'angle d'une cour, et de nouveaux étrangleurs, étendant leurs bras et levant leurs têtes chauves et hideuses, sortaient encore de ce gouffre comme d'énormes reptiles attirés du fond de la terre pour dévorer les restes d'un festin. Ceux-là ne montrèrent que la moitié de leurs corps ; l'argile qu'ils avaient creusée leur servit de tombe, et d'autres cadavres achevèrent de combler et de fermer ce gouffre, qui ressembla quelques instants au soupirail de l'enfer vomissant ses monstres déchaînés.

Telle fut la dernière convulsion d'agonie de la bande d'étrangleurs indiens dans le cantonnement de Nerbudda.

Nizam, le premier entré dans le vestibule, n'avait pas suivi les soldats, dans la mêlée sanglante de l'escalier et des cours, il s'était précipité dans la salle du concert, avait refermé et barricadé la porte, et entraîné les femmes à l'extrémité où sir Edward veillait, comme un bataillon, au salut d'Octavie. Nizam s'était placé à côté de son maître, dont il comprenait les intentions au premier signe. Au premier cri sortant des cours inférieures, Edward avait deviné le nouveau genre d'attaque des Taugs. Toutes les choses mystérieuses des derniers jours s'expliquaient à ce premier cri. Depuis dix ans un travail de mine s'accomplissait sourdement contre l'habitation de Nerbudda, et la tête de cette mine était voilée sans doute par des arbres et d'épais buissons, au petit bois de la source où le comte Elona fut pris par les Taugs. Edward craignait donc, avec juste raison, qu'une autre brèche ne vînt éclater au plancher ou dans le mur de la salle, et il s'était improvisé une citadelle dans l'endroit le plus sûr, pour y cacher son trésor d'amour, et le défendre au moment du péril avec l'héroïque énergie du désespoir.

Des cris et des larmes de joie accueillirent Douglas, Elona et les autres défenseurs de l'habitation, à leur rentrée dans la salle. Les scènes d'attendrissement qui éclatèrent après la victoire se devinent et ne se racontent pas. On félicita Edward sur le courage extraordinaire et sublime qu'il avait montré en refusant sa part d'action dans le combat de l'escalier.

— Sir Edward, lui dit Octavie en lui serrant les mains, hier je croyais que vous ne pouviez plus rien inventer en actions grandes ou vulgaires pour l'amour d'une femme, j'étais dans l'erreur. Vous avez eu l'héroïsme de vous cacher pendant une bataille et d'abandonner vos amis. Une femme comprend ces choses et ne les oublie jamais.

Tower rentra le dernier ; il s'était composé un désordre de toilette avec beaucoup d'art, mais les indiscrétions domestiques apprirent que le tuteur, en s'élançant avec les autres dans le vestibule, avait gagné seul le sommet de la maison.

On n'attendit pas que la lumière du jour vint étaler toutes les sanglantes horreurs de la nuit aux yeux des femmes : avant le lever du soleil, le monde de Nerbudda se mit en route pour le village de Roudjah. La moitié des soldats de Moss servit d'escorte, l'autre moitié se caserna dans l'habitation.

Ici, les détails intermédiaires dont nous avons parlé plus haut, dans notre théorie des transitions, seraient plus oiseux et plus inutiles que jamais. Nous nous bornerons à consigner, pour dénouement, les dernières paroles qui furent échangées entre Edward et Octavie, lorsqu'ils entrèrent, à la pointe du jour, dans l'hôtellerie de Roudjah.

— Sir Edward, dit Octavie, nous avons besoin de repos ; avant de nous séparer, pour quelques heures, je suis bien aise de vous annoncer que j'ai mission de vous inviter au double mariage du comte Elona et du colonel Douglas, qui seront célébrés après-demain ici, religieusement et civilement. Vous voyez, sir Edward, que votre étoile n'empêche pas vos amis de se marier.

— Est-ce là tout ce que vous aviez à me dire ? dit sir Edward avec mélancolie.

— Non, sir Edward, — dit la jeune femme en lui serrant les mains, — je voulais ajouter que nous devons rendre la politesse d'invitation à ces messieurs, n'est-ce pas ?... Vous me regardez d'un air ébahi ?... J'ai déjà pris mes renseignements avant l'aube, en outre, en causant avec ces dames créoles... Il me regarde toujours !... Vous saurez que nous avons à Roudjah un missionnaire romain de la propagande et un ministre presbytérien.

— Ma tête brûle, Madame, — dit Edward, en jetant sur Octavie un regard qui sembla l'envelopper comme une flamme, — ma raison s'égare, expliquez-vous mieux ; je suis stupide...

— Tant mieux ! sir Edward, vous m'aimez ! Adieu ; promettez-moi de supporter le bonheur avec calme. Votre étoile file à l'horizon. Regardez. Demain, invitez vos amis au mariage de la comtesse Octavie avec sir Eddward.

Un accès de joie immense sortit de la poitrine de sir Edward en supprimant la respiration et la parole sur ses lèvres. Il serra et baisa les mains d'Octavie avec une force de passion qui parut étonner la jeune femme et, comme il se relevait pour se séparer d'elle, il entendit la plus douce des voix lui disant : Adieu, mon cher Edward ; à demain.

En ce moment, M. Tower entrait à son tour, avec une démarche de vainqueur ; il venait de saluer, sur le seuil de la porte, un groupe de dames créoles qu'il avait accompagnées à Roudjah, et auxquelles il avait raconté ses exploits de la nuit.

— Ah ! c'est vous, monsieur Tower ! lui dit Octavie, je vous attendais. Donnez-moi votre bras jusqu'à mon appartement.

— De grand cœur, madame, de tout mon cœur... ah ! madame ! quelle nuit ! Que pensez-vous de cette nuit ? Voilà pourtant, disaient ces jeunes créoles, à quoi l'on s'expose quand on s'établit aux colonies !...

— Eh bien ! monsieur Tower, je vais m'établir ici, moi ; là dans le voisinage, entre les routes naturelles de Saint-Germain et de Meudon.

— Seule ?

— Seule, oh ! non ! monsieur Tower, je me marie... j'épouse... devinez qui ?...

— Eh ! madame, — dit Tower avec un sourire malin, — on pourrait peut-être deviner...

— Vous le verrez demain, — dit Octavie en fermant sa porte au visage de M. Tower.

— C'est moi ! dit l'ex-tuteur.

ÉPILOGUE.

SOIRÉES DE NEW-MEUDON.

PREMIÈRE SOIRÉE.

C'était le lendemain !

Voilà un mot bien vulgaire, *lendemain!* On le prononce à toute heure et à chaque phrase; mais il y a une époque, dans la vie de l'homme et de la femme, où ce nom a une signification nouvelle et remplie d'un intérêt saisissant : c'est lorsqu'il se lie à la veille d'un mariage.

La comtesse Octavie, devenue lady Klerbbs, était assise, dans son cottage indien de New-

Meudon, à côté de son mari, sous une épaisse voûte de néfliers du Japon en fleurs. Quoique mariée de la veille, elle avait cette aisance de maintien qui distingue les jeunes veuves en pouvoir de second mari.

— Je suis sûr, ma chère Octavie, — disait sir dward en prenant les mains de sa femme dans les siennes, — je suis sûr que je devine ta pensée en ce moment. Voyons si j'ai bien rencontré.

— Edward, mon ami, je crois qu'il ne faut jamais faire cette question à une femme le lendemain de son mariage; vous êtes imprudent.

— Octavie, puisque tu ne réponds pas, je vais me répondre pour toi..... Je viens de te surprendre dans un moment de rêverie et de silence triste. Le lendemain d'un mariage on ne rêve pas, on parle. Le silence et la rêverie n'arrivent qu'après la chute d'une grande illusion, et je m'estime assez pour croire que, si je suis, moi, une illusion, je ne suis pas encore évanoui.

Octavie serra les mains de son mari contre son cœur.

— Voici donc à quoi tu songeais..... Tu promenais tes doux regards dans ce beau jardin, et tu te disais à toi-même : Pourrons-nous toujours vivre ici?

— Edward, je l'avoue, cette idée m'a traversé l'esprit. Tu es un devin.

— Je te remercie d'abord de ta franchise, car je t'aurais accusée de dissimulation, tant j'étais sûr d'avoir lu ta pensée. Cette réflexion que je t'ai surprise est triste, ma bonne amie. Voici ce qui vient après elle; voici son commentaire : Oui, nous sommes heureux ici; ce paysage est charmant; ce ciel et ce soleil ont pour nous des sourires d'or et d'azur; ces grandes fleurs ont des parfums qui donnent l'extase; ces horizons enchantent les yeux et le cœur; mais l'habitude et la monotonie, ces deux ennemies mortelles du bonheur humain, ne viendront-elles pas nous visiter ici? Il sera terrible le jour où nous dirons : *Assez du cottage indien, assez. Allons vivre ailleurs!...* Parler ainsi, c'est médire de notre passé; c'est reconnaître que nous avons été les dupes d'une erreur amoureuse, que l'horizon que nous avions assigné à notre existence dans un moment d'étourderie ne nous suffit plus, et qu'il faut aller demander à d'autres cieux ce qui nous est refusé ici... Chère Octavie, voilà les tristes pensées qui sont venues tourmenter votre sérénité actuelle en vous apportant déjà les inquiétudes de l'avenir.

— Oui, oui, dit Octavie avec mélancolie; c'est bien cela. Mais nous avons le courage de nous dire ce que bien d'autres, dans notre position, auraient à peine le courage de penser. Le bonheur est une étrange chose, mon Edward; on soupire après lui, et, quand on l'embrasse, on est si étonné de lui, qu'il nous devient effrayant comme un fantôme adoré qu'un souffle fait évanouir.

— Voici, ma chère Octavie, dit Edward, ce qui doit nous sauver de la déception commune; c'est notre prévision intelligente, dans ce moment de ravissante étourderie, où deux amoureux romanesques se disent mutuellement : Oui, nous vivrons ici, toujours, en nous adorant jusqu'au tombeau!... En évitant cette banalité conjugale, nous avons des chances de conquérir et de retenir ce qui échappe aux autres mains... Octavie, j'ai voyagé quinze ans, et je fais une halte dans ce cottage auprès de toi. Je ne me lèverai que le jour où tu me diras : Levons-nous!

— Je ne prononcerai jamais ces deux mots.

— Octavie, point de serment!

— Ce n'est pas un serment, c'est une promesse.

— Tu as raison, Octavie. Je me méfie des serments; on les a inventés pour avoir le criminel plaisir de les violer. J'aime mieux les promesses.

— Quand la fantaisie nous prendra de voyager, mon cher Edward, nous voyagerons ici.

— Oui, *mon doux cœur*.

— Vous me montrerez tout l'univers avec vos souvenirs, et j'entrerai dans votre vie passée, mon Edward!

— Bien, voilà une bonne ressource. Tous les soirs nous voyagerons, sans quitter la voûte de ces belles fleurs et ce tapis de gazon.

— Accepté. Dans les heures officielles de la journée, nous verrons nos amis, et le soir, quand nous serons seuls, nous voyagerons.

— Octavie, à Paris, j'ai découvert un ouvrage de cinquante à soixante volumes intitulé : *Bibliothèque des Voyages*. Cet ouvrage a été composé par un écrivain appelé M. de La Harpe, qui n'est jamais sorti du département de la Seine. Je suis l'opposition vivante de ce voyageur sédentaire : je n'ai rien écrit, et j'ai voyagé partout.

— Voyons, mon Edward, passons de la théorie à la pratique. Conte-moi le premier volume de ton voyage inédit.

— Je veux bien, dit Edward. Et il conta ce qui suit :

Le trois-mâts *l'Érable* voguait vers Sumatra, venant de l'Ile de France (année 1818). Il allait vendre des meubles de la rue Vivienne et du faubourg Saint-Antoine aux nababs des îles de la Sonde, et demander en échange du café pour les digestions de Tortoni. La mer était d'un calme effrayant. La mer est une singulière chose! son repos est aussi terrible que sa colère. Elle était donc unie comme un miroir sous la quille de *l'Érable*. Les marins disaient : Quel beau temps épouvantable! Et ils rongeaient leurs poings.

Le capitaine mit *l'Érable* en état de ration : c'est l'état de siége des vaisseaux.

On avait épuisé les biscuits, les salaisons, les poutargues, les poules, les croûtes de Moullet, les tablettes de chocolat et les conserves de Collin, cette providence visible du marin affamé.

Le jour de l'Ascension arriva. Comment célébrer cette fête? On fouilla tous les recoins de *l'Érable* : disette et famine partout. Cependant le cuisinier, nègre de Madagascar, nommé Neptune, trouva un coq perché sur une vergue et pleurant son harem dévasté, comme Mourad-Bey après la bataille des Pyramides. On pluma le coq, et l'équipage mit le couvert.

On se réjouissait à l'odeur de la broche; les passagers humaient la fumée au vol, et le capitaine faisait la sieste en attendant le dîner, trompant la faim par le sommeil. Le lieutenant veillait autour de la cuisine pour repousser toute tentative violente de la faim, mauvaise conseillère toujours : *malesuada fames.*

Un cri déchirant de désespoir, un cri de nègre mordu par un serpent, fit trembler la cuisine métallique où le coq rôtissait. Neptune, pâlissant d'effroi sous l'ébène de son visage, sortit de l'officine, les mains crispées dans les touffes de ses cheveux crépus. L'équipage crut que le cuisinier avait mangé le coq par distraction et en détail, et qu'il demandait grâce pour l'inexorable exigence de son estomac. Hélas! le pauvre cuisinier n'avait pas commis ce crime! L'excès d'attention amène souvent le même résultat que la négligence dans le domaine des cuisiniers : le coq était brûlé de la tête aux pieds, brûlé à l'état de charbon!

Oh! qu'il est terrible un accès de colère échauffé au soleil de l'équateur! Le lieutenant poussa le cri du tigre frustré de sa proie, et, saisissant un large couteau, il se précipita sur Neptune... Au même moment, le passager Louis Bergaz se jeta devant le nègre pour parer le coup mortel. Le nègre fut sauvé; mais Bergaz reçut dans son avant-bras la pointe du fer, et le sang rougit bientôt le pont de *l'Érable.* Si les autres passagers n'eussent pas, à leur tour, retenu Bergaz, tout blessé qu'il était, il aurait lancé le lieutenant à la mer. Quant au pauvre Neptune, il tomba aux pieds de son sauveur et les mouilla des larmes de la reconnaissance.

Après cette scène, les habitants de *l'Érable* se résignèrent et continuèrent de souffrir les horreurs de la faim jusqu'à Sumatra.

Quatre ans écoulés, Louis Bergaz dînait à la table d'hôte de la pension anglaise à Batavia. Il y avait parmi les convives deux savants et un philanthrope commissionnés par divers gouvernements. Au dessert, le nom de Bergaz ayant été prononcé à haute et intelligible voix, le plus âgé des savants, jusqu'à ce moment courbé sur son assiette, releva vivement la tête et dit : Qui se nomme Bergaz ici? — Moi! répondit mon ami. — Ah! c'est drôle! dit le savant, vous avez le même nom qu'un dieu de Madagascar. — Il y a un dieu qui se nomme Bergaz? dit Bergaz en souriant. — Bergaz, dit le savant : B.e.r.g.a.z. — Un faux dieu, sans doute? demanda l'autre savant. — Cela va sans dire, remarqua le philanthrope.

Tous les convives, plus ou moins athées, comme tous les voyageurs indiens, lancèrent à mon ami Bergaz un oblique regard de dédain. Cet incident n'eut pas de suite; on acheva de dîner.

Le lendemain à la même heure, le savant remit à Bergaz un numéro de l'*Asiatic-Review*, et lui dit : Voici ce que j'ai écrit à

Madagascar sur le dieu Bergaz dans une lettre envoyée aux sociétés savantes de Londres et de Paris. Vous pouvez garder cet exemplaire comme souvenir.

Bergaz remercia le savant et lut cet article :

« La population de Madagascar offre un mélange d'Africains, d'Arabes et de Madécasses; ces derniers peuplent en grande partie le royaume des Ovas, qui est gouverné par une reine. Les Madécasses diffèrent de la race éthiopienne par des caractères physiques et moraux très-particuliers; ils sont doux, humains et hospitaliers, mais extrêmement belliqueux, parce que la guerre leur donne des esclaves. C'est à tort qu'on a prétendu que les Madécasses adorent le diable et qu'ils ont à Teintingue un arbre consacré à cette divinité. Les Madécasses n'ont qu'un temple; il est dédié au dieu Bergaz (*ber, source ou puits,* du chaldéen, et *gaz, lu-*

mière, du madécasse); ils sont fort dévots à cette divinité et ils lui sacrifient un coq, comme les anciens à Esculape. Tant il est vrai que les superstitions et les langues sont liées entre elles par un chaînon mystérieux que les mers, les montagnes et les siècles n'ont jamais pu briser! »

Cette dernière réflexion philosophique frappa mon ami Bergaz.

— Vous ne sauriez croire, dit le savant, combien ces rapprochements, découverts par nous au prix de tant de fatigues, font faire de pas à la science! Qui se serait douté que le mot *ber*, le mot fondamental de la langue hébraïque, fût arrivé d'Adam à Madagascar? Inclinons-nous devant tous ces mystères et taisons-nous. Bergaz s'inclina et se tut.

Les soins du commerce firent bientôt oublier à Bergaz et l'article et le savant.

Neuf mois après cet incident vulgaire dans une vie indienne, Bergaz allait acheter du bois d'ébène au cap Sainte-Marie de Madagascar, lorsqu'une tempête força le vaisseau qu'il montait de relâcher à Sampaï, sur la côte du royaume des Ovas.

Pendant que l'équipage réparait les avaries du vaisseau, Bergaz, suivi de son domestique, entra dans la campagne pour l'explorer. Il n'y a point de bêtes féroces à Madagascar; c'est un pays où l'Européen trouve la sécurité dans ses promenades; il n'y a que des fièvres qui tuent le malade du jour au lendemain. Les forêts sont pleines de ces fièvres; mais on n'y rencontre pas l'ombre d'un lion.

En sa qualité de cosmopolite, Bergaz se livrait aux délices de la chasse dans cette île bienheureuse où la grive, la perdrix, la caille, le faisan, pullulent comme les cigales dans la campagne de Rome au mois d'août. Sur la lisière d'une forêt de bambous, notre chasseur vit quelques naturels du pays prosternés devant une grande cabane.

Ces naturels psalmodiaient une hymne d'une voix traînante, et à chaque refrain le nom de Bergaz revenait si distinctement, que mon ami n'en perdait pas une syllabe. — Ah! dit-il, voilà le temple de ce dieu Bergaz dont me parlait un savant à Batavia.

Bergaz fut poussé par une curiosité bien naturelle; il voulut voir l'intérieur de ce temple, espérant même d'y découvrir l'idole Bergaz.

Son espoir ne fut pas déçu. Le temple, dans ses quatre murs de bambous cimentés à l'argile, n'avait aucun ornement; mais dans le fond s'élevait, sur un piédestal, la statue du dieu Bergaz, et sa physionomie et son attitude frappèrent vivement mon ami.

Le dieu Bergaz n'était pas un chef-d'œuvre d'art, mais il était bien supérieur de ciselure aux idoles d'Ea-eï-no-move et de Tavaï-poenna-moo dans la Nouvelle-Zélande, lesquelles, comme chacun sait, représentent grossièrement le triple symbole de la force qui engendre, parle et frappe. Encore une trinité mystérieuse née au bout du monde! Le dieu Bergaz se rapprochait davantage du sentiment de l'art européen : d'abord il était vêtu à l'européenne, chose rare chez un dieu indo-africain; il portait un chapeau de paille de riz à larges ailes, une légère cravate rouge de madras nouée à la Colin, une chemise bleue, un large pantalon de basin anglais et une veste de coutil; il était posé dans l'attitude d'un homme qui arrête un coup meurtrier, et son bras droit avait de larges taches de sang. Mon ami Bergaz, en détaillant les traits du visage de ce dieu homonyme, leur découvrit une certaine ressemblance avec les siens : comme lui, ce dieu avait de larges favoris noirs réunis massivement sous le menton; et en 1818, dans la mer des Indes, mon ami Bergaz était seul portant une barbe de cette façon. Quant au costume du dieu, il était absolument le même que celui de mon ami à bord de *l'Érable.* Plus de doute, ce temple s'élevait à la mémoire de mon ami Bergaz. Toute incertitude sur ce point fut levée lorsque Bergaz reconnut sur le cou du dieu sa propre cravate rouge, marquée L. B., qu'il avait donnée à Neptune le cuisinier.

En ce moment, une procession de naturels entra dans le temple. On alluma du bois dans un réchaud, on déposa un coq sur la flamme, et on le brûla devant le dieu, aux acclamations des adorateurs.

Mon ami Bergaz n'eut pas la force de garder son air sérieux devant cette cérémonie; il poussa un imprudent éclat de rire qui ébranla les murailles de bambous. A cette explosion d'irrévérence, les sectateurs du dieu Bergaz sortirent de leur mansuétude ordinaire; ils se précipitèrent avec des cris de fureur sur mon ami, et ils s'apprêtaient à le sacrifier comme un coq pour apaiser la divinité outragée, lorsqu'un bruit de cymbales annonça l'arrivée du chef de la tribu. Louis Bergaz ne riait plus, et, dans cet extrême danger, il eut recours à une hypocrisie bien excusable; il se prosterna devant le dieu et manifesta le plus vif repentir.

Le grand prêtre de Bergaz reçut le chef de la tribu à la porte du temple et lui fit son rapport sur le sacrilége de l'Européen. Le chef bondit de rage, et, saisissant un *cric* malais, il courut sur l'infâme profanateur.

Mon ami se retourna vivement au bruit des pas du chef : deux cris de surprise éclatèrent. L'arme tomba des mains noires qui la brandissaient; le chef était aux pieds de mon ami Bergaz. Le grand prêtre faisait une pantomime qui signifiait : Quel est donc ce mystère? et les chœurs répétaient la pantomime comme dans un ballet.

Louis Bergaz releva le chef roulé dans la poussière, et, désignant la statue, il l'interrogea par son geste. Tirant de sa poitrine un soupir énergique, le chef s'écria : *Na pa Bergaz moun dié?* Eh! Bergaz n'est-il pas mon dieu? — Ce bon Neptune! dit mon ami. Et il serra les mains de l'ex-cuisinier.

Cependant, ainsi que l'exigeaient les convenances religieuses du pays, et sur la prière de Neptune, mon ami Bergaz, avant de quitter le temple, se prosterna dévotement devant sa statue; il s'adora quelques instants, et sortit avec Neptune qui l'avait invité à dîner à son palais.

Chemin faisant, Neptune conta son histoire en deux mots à Bergaz. Le puissant Radan, souverain de Madagascar, avait enfin conclu son traité de paix avec son implacable ennemi René, ce corsaire qui désolait l'île. René avait une femme de génie qui fut nommée reine des Ovas par un édit de Radan, et cette reine était sœur de Neptune, l'ex-cuisinier de *l'Érable*. Assise sur le trône des Ovas, elle avait retiré son frère de la domesticité et lui avait donné le commandement absolu de la petite province de Simpaï. Investi de cette dignité, Neptune éleva un temple à mon ami Bergaz; ce fut son premier acte de souveraineté. La reconnaissance est une vertu noire, comme l'ingratitude est un vice blanc.

Je remerciai vivement mon ami de son histoire, et il me dit :

— Croyez que j'ai ri longtemps de cette aventure, et que, dans mes nombreux voyages sur la mer indienne, j'ai souvent excité une gaieté folle quand je la racontais dans des veillées du bord. Aujourd'hui, je ne sais pourquoi ce souvenir ne me paraît pas aussi plaisant. Quand je me promène sur le rivage de la mer, je me laisse involontairement attendrir à l'idée que je suis adoré comme un dieu de l'autre côté de ces eaux, à l'autre bout du monde, dans une île qui tue les Européens. Il me semble parfois que les vagues m'apportent le refrain du cantique entonné en mon honneur :

O Bergaz! écarte le serpent et le tigre,
Et donne-nous une bonne moisson de riz!

Alors j'écoute et je fais des vœux pour que les vœux de ces pauvres gens soient exaucés. Quant au serpent et au tigre, je suis fort tranquille; on n'en a jamais vu à Madagascar, et probablement il n'y en aura jamais : je ne m'inquiète que de la récolte du riz. Ce qui me fait rire quelquefois, c'est de me voir prendre ainsi, par distraction, ma divinité au sérieux. Lorsqu'il m'arrive un de ces intolérables malheurs qui troublent l'existence du riche, lorsque ma pendule s'arrête dans la nuit, lorsque mon habit neuf reçoit une tache, lorsque le vernis de ma botte s'écaille, lorsque je perds la clef de mon secrétaire, lorsque les voisins parlent à mon oreille au quatrième acte des *Huguenots*, lorsque *Eugène Sue* me dit : *La suite à demain*, pour m'apprendre ce que devient *Mathilde;* enfin, lorsque je me considère comme le plus infortuné des hommes heureux, je me console en tournant mes yeux vers l'hémisphère où brille la croix du sud. Je vois ma statue adorée par les fidèles sectateurs du culte bergazien; j'écoute la prière qu'ils m'adressent, et même, seul dans ma chambre, je me surprends dans l'attitude de l'idole, telle que je l'ai vue sur son piédestal de bambous. O vanité !

Je serrai la main de mon ami et je lui chantai le refrain : *O Bergaz! écarte le serpent*, sur un air inconnu.

DEUXIÈME SOIRÉE.

Ma chère Octavie, dit sir Edward, un jour je partis pour faire le tour du monde avec l'amiral Colburn. J'avais vingt ans. Arrivé aux îles Fackland, j'éprouvai un grand dégoût pour cette promenade maritime de trois ans, à peine commencée depuis trois mois; mais le navire était lancé, il fallait suivre le navire. Quand nous voyagerons ici, ma belle lady, sans bouger de place, nous aurons l'avantage de nous débarquer à notre volonté, même en sortant du port.

— Oui, nous attendrons le chemin de fer de Bombay à Londres.

— Nous attendrons longtemps; mais ce miracle viendra. A propos de chemin de fer, je vais te citer une anecdote qui nous fera voyager de Greenwich à Londres en dix minutes, par un rail-way qui est la miniature de celui dont tu parlais tout à l'heure.

— Un voyage de dix minutes, ce n'est pas long; nous irons jusqu'au bout.

— Écoute, Octavie; je commence :

Dans toutes les parties de plaisir à la campagne, il y a toujours un monsieur qui a des affaires en ville et qui chagrine la société par des plaintes intermittentes sur son équivoque position. Nous étions à Greenwich une pléiade de désœuvrés en train de visiter la galerie des tableaux de marine, où les exploits du pavillon anglais sont peints à l'huile de baleine sur des lambeaux de voiles d'artimon et de perroquet. Jamais plus comique musée n'excita la gaieté folle du voyageur. Le gouvernement qui a payé ces tableaux a défendu expressément à l'artiste de faire un chef-d'œuvre, de peur que la gloire du peintre n'éclipsât la gloire de l'amiral; et il faut être juste, le peintre a dépassé les espérances des Mécènes britanniques. Chaque bataille navale est représentée au moment où deux ou trois vaisseaux ont disparu sous les flots : ce sont toujours ces vaisseaux absents que l'artiste a voulu peindre; il y a par-dessus une large couche d'indigo tourmenté qui essaie d'être la mer. On aperçoit au fond un nuage de points microscopiques; c'est l'escadre. La bordure des tableaux est fort belle, à demi dorée, brodée à jour en points d'Angleterre, et décorant ainsi parfaitement une muraille. A Londres, on fait si bien les cadres qu'on pourrait se dispenser d'y intercaler un tableau. Le monsieur qui avait des affaires en ville et qui était avec nous à la campagne disait à chaque instant : — C'est bien, c'est bien; nous avons tout vu. Allons dîner à *Sceptre-and-Crown* et partons; il faut que je sois rendu ce soir à dix heures au club de Piccadilly, où l'on m'a promis de me montrer O'Connell. — A dix heures? répondait-on en chœur au monsieur; eh! mon Dieu! vous avez du temps de reste. A dix heures? il n'en est que six! Il nous faut trois quarts d'heure pour dîner et dix minutes pour aller à Londres par le chemin de fer. Nous ne remontons pas la Tamise au retour.

Le monsieur se résignait quelques instants; puis il disait, dans un *aparté*, à haute voix : Oh! je manquerai O'Connell; il part cette nuit pour Dublin. Je le manquerai, c'est fâcheux, et pour de mauvais tableaux comme ça! — Monsieur, lui disait un Anglais obligeant de notre société, monsieur, soyez tranquille; vous arriverez avant l'heure. En dix minutes on va de Greenwich à Londres : j'ai fait cette route mille fois. Le monsieur se résignait encore; puis il regardait encore sa montre, frappait du pied la terre et poussait un *ah!* sourd comme un soupir de désespoir concentré. Le *ah!* était suivi d'un : Je manquerai O'Connell!

Enfin on nous servit à dîner à *Sceptre-and-Crown*. Devant nous passait la Tamise superbe, grand chemin des vaisseaux de l'univers; devant nous se succédaient les paquebots si nombreux, qu'ils ont épuisé tous les noms de la fable et de l'histoire. A l'horizon, nous regardions Londres, cette planète incrustée sur la nôtre, avec son immense couronne de clochers, de mâts et de tours. L'aubergiste de *Sceptre-and-Crown* a spéculé sur cet admirable panorama; il sait qu'on ne vient pas chez lui pour dîner, mais pour voir, et il se contente de vous servir par la croisée

Londres et la Tamise à 25 francs le couvert.
— Ah! s'écriait le monsieur qui avait des affaires en ville; ah! nous aurions bien mieux dîné à *Leicester-Square*, et je n'aurais pas manqué O'Connell! — Mais, lui disait notre Anglais, vous verrez O'Connell. En dix minutes, onze au plus, nous sommes à Londres. On va nous servir un plat délicieux, le plat national de Greenwich ; des white-beats avec du punch glacé.

Le plat national gémissait dans la poêle de la cuisine, et nos oreilles étaient déchirées par l'éternelle symphonie en *ut mineur* de la friture hydraulique des petits poissons. Rien ne paraissait. Ce n'était qu'un plat servi à notre ouïe et qui n'arrivait pas à l'estomac. Le maître d'hôtel fut mandé à la barre de la table pour donner des explications sur les retards du plat national. — C'est la faute de M. Hodges, dit le land-lord de la cuisine. Et, après cette excuse laconique et mystérieuse, il sortit pour répondre aux plaintes de son hôtellerie affamée. Le nom de M. Hodges retentissait partout.

Quel est ce M. Hodges qui retarde ainsi les fritures à *Sceptre-and-Crown?* Telle fut la question que nous posâmes sur la nappe à défaut d'autre plat. Le monsieur qui avait des affaires en ville se leva furieux en disant :
— Vous ne voyez pas que c'est une excuse d'Anglais! M. Hodges n'existe pas; on veut gagner du temps, et, à minuit, on nous servira pour tout plat national le *God save the king* dans un orgue de Barbarie. Levons-nous et partons. Cette maudite taverne me fera manquer O'Connell!

Il arrive souvent qu'une minorité factieuse entraîne sur ses pas une majorité paisible. Nous nous levâmes tous, et nous descendîmes au vestibule pour payer le dîner que nous aurions mangé à minuit. L'agent comptable de l'hôtel fut beaucoup plus raisonnable que nous ne l'avions supposé; il n'exigea que la moitié de l'écot, 12 francs et demi, à cause de la circonstance atténuante de l'éclipse totale de notre festin.

— Et maintenant, dit le monsieur qui avait des affaires en ville, courons au bureau du rail-way. Sept heures sonnent à l'hôpital.

Du seuil de la porte de *Sceptre-and-Crown*, on aperçoit la rue solitaire qui mène à Greenwich-Park. Au commencement de cette rue, un Anglais parlait vivement à un groupe d'invalides et de villageois; quand il se tut, l'auditoire cria: *Hourra for Hodges!* « C'est M. Hodges! » telle fut notre exclamation, et nous eûmes la curiosité de voir cet homme mystérieux qui retenait les petits poissons dans l'office des hôtels.

M. Hodges marchait d'un pas rapide, portant sous son bras un énorme rouleau d'affiches bleues, et suivi d'un petit groom suspendu à une grande marmite pleine d'amidon fondu. Le monsieur qui avait des affaires en ville, nous voyant tous courir après M. Hodges, se mit dans une fureur atroce. Nous lui dîmes que nous courions après une étude de mœurs, et qu'en voyage on ne doit rien négliger de ce qui constitue l'instruction du publiciste et de l'homme d'état. — Voilà pourquoi je ne veux pas manquer O'Connell! s'écria notre affairé compagnon. — Vous le verrez, lui dit l'Anglais. En dix minutes, douze au plus, vous êtes rendu à Londres. Le chemin de fer de Greenwich est le gigantesque point du génie anglais.

M. Hodges s'arrêta devant le pan de mur du jardin de Greenwich, trempa un large pinceau dans l'auge d'amidon, barbouilla le côté blanc d'une affiche bleue et placarda cette proclamation :

TO THE ELECTORS OF WEST KENT
M. HODGES YOUR OLD FIME FRIEND
SOLICITS YOUR VOTES TO
REPRESENT YOU A FOURTH TIME IN PARLIAMENT
MEN OF WEST KENT.

L'affiche posée, M. Hodges gagna le chemin escarpé du parc supérieur, placardant à droite et à gauche avec une dextérité d'afficheur dramatique; mais il ne s'apercevait pas que de jeunes tories facétieux à gilets rouges arrachaient les proclamations bleues au milieu des éclats de rire d'une centaine de marins allemands qui composent à peu près tout le personnel des invalides anglais entretenus aux frais de la nation à l'hôpital de Greenwich. M. Hodges poursuivait son entreprise de l'air d'un homme qui accomplit un devoir et s'inquiète peu de ce qui se passe derrière lui.

Le monsieur qui avait des affaires en ville

nous arrêta violemment au pied de la montagne et nous menaça de partir seul, nous rendant responsables des malheurs que son isolement pouvait lui attirer à la recherche du chemin de fer. — Convenez pourtant, dit un des nôtres, que ces études de mœurs anglaises ne sont pas à dédaigner. — Soyez tranquille, dit l'Anglais; en dix minutes, treize au plus, nous arrivons à Londres. C'est le triomphe du chemin de fer. La distance est supprimée; le mot *éloignement* est rayé du dictionnaire des nations. Tout le monde est le voisin de tout le monde. J'ai le cap Comorin au bout de ma botte; je tiens un pôle dans chaque main; je danse sur la corde de l'équateur. Le même jour je prends un sorbet dans les glaciers du Samoïède, une limonade dans les bois de citronniers de Bombay, une tasse de café dans les jardins de Moka, un bol de thé à Kanton, une soupe de nids d'oiseaux à Pondichéry. Et vous craignez, vous, de ne pas rencontrer O'Connell à dix heures du soir, lorsqu'en dix minutes nous arrivons à Londres, quatorze minutes au plus !

Notre affairé monsieur baissa la tête de résignation, et dit : — Allons au bureau du *rail-way*.

L'Anglais, qui connaissait le West-Kent, se mit à la tête de notre troupe en disant : — Suivez-moi. Le rail-way, messieurs, est au bout du village.

Nous traversâmes des rues, des places, des *squares*, des promenades, des cimetières, des marchés, des *lanes*, des parcs, des *courts*, des *hills*; et, comme le soleil se couchait, l'Anglais nous annonça que nous entrions enfin dans le faubourg du village. Un faubourg de village ! Nous cheminions depuis une heure, et une voix dit : — Londres ne doit pas être fort loin. — Dans un quart d'heure, nous traversons le faubourg de Greenwich, dit l'Anglais, une petite demi-heure au plus. — Ah! mon Dieu, s'écria l'autre, je manquerai O'Connell!

Nous traversâmes encore tout ce que nous avions traversé; les rues et les maisons nous poursuivaient dans le faubourg, comme dans le village, avec une obstination monumentale.

— Ce petit village, disait l'Anglais, a pris un accroissement merveilleux. Il doit ce progrès à son chemin de fer et à son heureuse exposition pour les maladies de larynx. — Mais où est donc ce bureau de rail-way? s'écria notre monsieur avec un accent de désespoir qui nous perça le cœur. — Nous le touchons du doigt, dit l'Anglais, et nos peines sont finies. Postés dans les wagons, nous arrivons à Londres en dix minutes, quinze au plus.

Après une heure et demie de marche haletante, nous sortîmes du faubourg de Greenwich. Le gaz brillait sur la terre et l'étoile brillait au ciel.

— Nous voici dans les jardins, dit l'Anglais. — Et le bureau? demanda le monsieur. — Le bureau est là,... là... Que diable! on ne peut pas tracer un rail-way dans une rue de village; il faut sortir dans la campagne pour le trouver. Cela ne peut pas être autrement.

Nous traversâmes une allée de jolis cottages ornés de grilles de fer, et à l'extrémité d'une longue prairie, l'Anglais s'arrêta devant, disant : — Voilà le bureau !

Deux heures s'étaient écoulées depuis les affiches de M. Hodges; nous étions tous inondés de sueur, haletants, brisés.

Une faible voix s'éleva dans les ténèbres en se plaignant, comme une voix d'ombre élyséenne, de ce qu'on ne voyait pas le bureau.

— Le voilà! le voilà! dit l'Anglais. Sa main, verticalement levée, désignait un point noir dans le ciel.

— Nous sommes donc au pied d'une montagne? dit la dolente voix.

— D'une montagne artificielle, dit l'Anglais. Vous sentez bien, messieurs, qu'il a fallu mettre Greenwich au niveau de London-Bridge. Greenwich, par sa position topographique, est placé à cinq cents pieds environ au-dessous du pont de Londres. Alors (admirez le génie de la civilisation), alors il a fallu élever cette montagne de bois, afin que la tête du viaduc s'appuyât sur le sommet. Nous n'avons plus que quatre cents marches à monter pour arriver au bureau. Mais, comme l'air est très-vif sur la montagne et que nous sommes tous en moiteur, je vous conseille de vous asseoir une petite demi-heure sur ces banquettes, car il y a vraiment de quoi prendre une fluxion là-haut, sur la pyramide de Chéops, comme nous l'appelons.

Nous nous assîmes avec une résignation

muette. Notre silence n'était interrompu que par les soupirs intermittents du monsieur qui avait des affaires en ville et qui paraissait arrivé au paroxysme du désespoir.

L'Anglais disait à cet infortuné voyageur :
— Monsieur, soyez tranquille; car, écoutez bien : en supposant que vous manquiez O'Connell ce soir au club de Piccadilly, vous prenez demain le coche de *Golden-Cross* et vous allez à Birmingham. Là, vous trouvez un chemin de fer qui vous jette à Liverpool; vous demandez Trafalgar-Dock, et vous vous embarquez sur un paquebot pour Kingston. A Kingston, vous trouverez un charmant petit chemin de fer qui vous mène en dix minutes à Dublin; et à Dublin, vous ne manquerez pas O'Connell dans *Sakeville-Street*, à midi, devant *Post-Office*, où il attend l'arrivée du *Royal-Mail*. — Eh! monsieur, s'écria l'infortuné, il faut que j'assiste après-demain soir à une réunion d'actionnaires, boulevard

des Capucines, à Paris. — C'est différent, dit l'Anglais. Montons au bureau du rail-way.

Il fallut se soumettre à cette rude ascension qui nous fit perdre une demi-heure, parce que nous faisions des pauses après chaque centaine de degrés. Enfin nous voilà dans les nuages, au niveau de *London-Bridge*. Nous prenons nos billets au bureau et nous entrons dans les wagons. — On va partir à l'instant, nous dit l'employé.

Quel instant! les damnés ont des minutes plus courtes. D'impatientes voix s'écriaient : — Ah çà! dites-nous donc ce qu'on attend pour partir? — A quoi l'employé répondait : — Nous attendons la fin du *meeting* de M. Hodges, qui doit nous amener cent voyageurs.

Neuf heures sonnent : nous partons au vol du condor. La hauteur des stores nous dérobait le parapet du viaduc; de sorte qu'en plongeant nos regards dans l'immensité de l'horizon, il nous semblait que nous courions sur un sillon de nuages, et que chaque pression de notre char aérien faisait éclater un coup de tonnerre. A des profondeurs infinies, on distinguait les orbes de gaz qui éclairent les *docks de Surrey,* les docks du commerce et l'immense faubourg riverain, depuis *Limehouse-Reach* jusqu'à Saint-John's-Church. On eût dit, à voir cette merveilleuse illumination, que les étoiles étaient tombées et que nous foulions aux pieds toutes les constellations du firmament. A ce sublime spectacle, je reconnus l'Angleterre, cet étrange pays que l'on parcourt avec des sourires de pitié triste et des cris d'enthousiasme, avec des épigrammes et des hymnes d'admiration.

— Arrivés! arrivés! Voilà London-Bridge! s'écria l'Anglais d'un air triomphant.

Le monsieur qui avait des affaires en ville demanda le plus court chemin pour aller au club de Piccadilly. — Prenez l'omnibus de *Charing-Cross,* lui dit l'Anglais, le voilà devant vous; il va partir à l'instant. Le voyageur français prit congé de nous et occupa la seule place restée vacante sur l'impériale de l'omnibus. Il pleuvait selon l'usage.

L'omnibus allait bon train. Neuf heures sonnaient à Saint-Paul. — Bon! dit le monsieur, j'arriverai juste à temps pour voir O'Connell faisant le dernier rob de son whist.

Devant Mansion-House, la voiture s'arrêta et déposa sur le pavé une vingtaine de voyageurs. Le cocher descendit pour adresser des paroles flatteuses à ses chevaux et pour les caresser.

— On s'arrête fort peu de temps ici sans doute? demanda le Français à son voisin d'*out side.*

— Un petit quart d'heure, répondit l'Anglais. C'est une station pour attendre les bourgeois de Cheapside et de Sainte-Mary-Lebone qui se rendent à Temple-Bar et dans les environs.

— Bien ; merci.

Un long soupir et un appel à la résignation. Les bourgeois de Cheapside et de Sainte-Mary-Lebone mettaient fort peu d'empressement à courir à l'omnibus.

Le campanile de Saint-Paul laissa tomber sur *Ludgate-Hill* dix coups de bronze distincts et lents.

— Neuf ou dix? demanda le Français d'une voix sourde, comme s'il se fût parlé à lui-même.

— Dix, répondit l'Anglais. Et même Saint-Paul est toujours en retard à cause des échéances de commerce.

— Pardon, monsieur, demanda le Français. Dans les clubs, joue-t-on le whist en cinq ou en dix?

L'Anglais ouvrit de grands yeux, et attendit pour répondre une seconde interrogation.

— En cinq points, monsieur.

— Je suis perdu! dit le monsieur d'O'Connell.

Cependant l'omnibus partit au galop; mais, après un quart de mille fort lestement franchi, il tomba dans un embarras de procession et de musique furibonde qui se rendaient au *meeting* de *Fleet-Street*. La voiture n'avançait que lentement, de peur d'écraser la constitution anglaise. A Temple-Bar, elle s'arrêta. Seconde station.

— On attend ici les bourgeois de *High-Holborn* qui vont prendre les grandes places à *Drury-Lane* et à Covent-Garden, dit l'Anglais.

— On ne prend pas de fiches à votre whist? demanda le Français.

— Non, monsieur.

— Les *honneurs* comptent-ils?

— Oui, monsieur.

— Ah! mon Dieu! avec quatre honneurs

et le trick, un rob est enlevé à la minute. Je suis perdu! Ces Anglais font un whist absurde; mieux vaudrait jouer à pile ou face.

Après une pause :

— Sir O'Connell joue-t-il lestement au whist?

— Que diable me demandez-vous là? s'écria l'Anglais avec un sourire sérieux, à l'anglaise.

— Mille pardons!... c'est que... ceci est plus grave que vous ne pensez.

— Alors je vous répondrai que sir O'Connell joue aussi lestement que sir Clercq et sir Berthold à *Philarmonic-club*.

— Je n'ai pas l'honneur de connaître ces messieurs.

Onze heures sonnaient à Sainte-Mary-du-Strand. Le cocher avait engagé une trilogie avec ses chevaux. Il pleuvait toujours, mais légèrement, comme dans toutes les nuits de la belle saison.

Devant *Sommerset-House*, troisième station.

— Encore! s'écria le Français au comble du désespoir.

— Cette station est la dernière, dit l'Anglais; mais elle sera beaucoup plus longue, parce que j'aperçois la procession qui remonte du *comitee-room* de sir Evans, candidat de Westminster.

— Mais ces incidents sont rares, n'est-ce pas? Je suis tombé par un hasard fatal dans un soir de processions.

— Ces rencontres sont au contraire très-fréquentes. A Londres et dans le Strand, il y a toujours quelque procession, tantôt pour un motif, tantôt pour un autre; les prétextes ne manquent jamais. Cela gêne furieusèment la voie publique et les omnibus. Mais, si vous avez hâte de faire votre partie de whist, que ne prenez-vous un cabriolet?

— Dieu me garde de vos cabriolets de

Londres! c'est un suicide à deux roues inventé par Pitt et Cobourg pour exterminer les Français en détail pendant la paix, sans violer le droit des gens.

— Prenez alors un bon *patent-safety*. Vous êtes au niveau du sol, et, s'il vous arrive un accident, vous tombez de la rue dans le cabriolet.

— Eh! avec cette pluie, où trouver un *patent-safety*?

— En voilà un, monsieur, qui descend de *Drury-Lane*; arrêtez-le au vol.

Le *patent-safety* fut hélé.

— Vous êtes trempé jusqu'aux os, monsieur, poursuivit l'Anglais. Moi, voyez, j'ai un bon *water-proof* qui m'a garanti. Il faut que vous perdiez encore une petite demi-heure pour refaire votre toilette.

— Croyez-vous que j'y sois obligé?

— Comment donc! Oseriez-vous entrer dans un club en costume de marin naufragé?

Ce serait un déshonneur qui retomberait sur votre nation. Chaque pays a ses mœurs.

— Allons, dit le Français, résignons-nous... Cocher, menez-moi bon train à *Jonhey's-Hotel, Leicester-Square.*

Après les salutations d'usage, le cabriolet s'élança du Strand, inondé de processions, dans *King's-William-Street.*

Minuit sonnait à l'horloge aux quatre cadrans de Saint-Martin, lorsque notre Français descendait devant la colonnade d'ordre pœstum du grand club de Piccadilly. Il était en grande toilette de bal, et les domestiques le saluèrent, quoiqu'il les saluât.

— Sir O'Connell est-il encore au club? demanda-t-il à une livrée errante.

La livrée répondit :

— Sir O'Connell vient de partir dans sa chaise pour Birmingham.

— Je l'ai manqué! dit l'infortuné voyageur laissant tomber ses bras dans une longueur démesurée. Oh! fatalité! ajouta-t-il en se promenant sur les colonnes d'ordre pœstum; oh! dérision du destin anglais! Nous sommes sortis de *Sceptre-and-Crown-Tavern* à six heures; il ne fallait que dix minutes pour arriver à Londres, et minuit sonne à *Charing-Cross!* J'ai dépensé 75 fr. en auberge, en wagons, en omnibus, en cabriolet pour ne pas dîner et pour manquer O'Connell! O civilisation! Que m'arriverait-il de pire sur la prairie sauvage du dernier des Mohicans!

TROISIÈME SOIRÉE.

Sir Edward tenait une carte du comté de Lancastre et montrait à Octavie cette puissante trinité industrielle qui se donne les mains, Liverpool, Birmingham et Manchester. Voilà trois villes qui font beaucoup de bruit, qui s'enrichissent en s'étourdissant. Liverpool est assise sur les bords de la rivière de la Mersey; Birmingham la traite en voisine, avec son rail-way, et lui expédie toutes ses œuvres. Manchester est tout à ses manufactures. Il y a dans les trois villes une quantité considérable de millionnaires dont tout le bonheur consiste à se dire le matin et le soir : Je suis millionnaire! ce qui n'est pas fort amusant au bout de six mois. Je veux te montrer, Octavie, la plus curieuse de ces trois cités, celle dont je suis originaire. Partons.

Le 22 juillet, à cinq heures du soir, j'arrivai à Manchester. Le temps était fort beau pour Manchester; il ne pleuvait pas. Vous savez qu'il pleut toujours à Manchester, et c'est une des conditions de son existence; un jour serein est la calamité du pays. Les machines industrielles ne peuvent fonctionner qu'à l'aide d'une humidité permanente; lorsque le temps tourne au sec, on se désole dans les ateliers. L'obligeante nature favorise on ne peut mieux ces exigences du commerce; même au mois de juillet, le ciel est toujours abaissé comme une teinte grise sur l'immense ville, et trois cents cheminées élancées en obélisques semblent les supports de ce grand pavillon de brume d'où l'eau suinte en gouttes imperceptibles, comme si elle était tamisée en tombant. A Manchester, on ne connaît le soleil que de réputation; il me semble que je l'ai aperçu une fois, au fort de l'été, à midi, derrière un épais rideau de nuages, mais je ne l'affirmerai pas.

Je me promenai longtemps sur la place de *Piccadily*, devant *Albion-Hotel;* c'est le point culminant de la ville. Il y a deux beaux édifices modernes, un bassin circulaire d'eau dormante et une pelouse; le gaz éclaire d'un côté la longue bordure des maisons de briques, et le vis-à-vis reste dans une ombre sourde, que perce en rond sur un seul point le cadran illuminé de l'hospice. Là commence cette longue et interminable procession d'ombres silencieuses et nocturnes que j'ai trouvée dans toutes les grandes villes d'Angleterre, et qui jette l'étranger dans un étonnement qu'une énigme insoluble donne toujours. J'ai pourtant observé à Manchester que ces ombres diffèrent de mœurs et de coutumes avec leurs sœurs errantes de Londres, de Birmingham, de Liverpool; cela tient, je crois, surtout à la rareté des *policemen*. Manchester m'a paru à peu près dépourvu de ces redoutables sergents de ville qui couvrent le pavé de Londres et de Liverpool et font si bonne garde la nuit. Aussi, à Manchester, les fantômes ont des airs de gaieté vive et turbulente; ils font des rondes, ils folâtrent même, et, s'ils ne parlent pas, c'est qu'il leur est défendu de parler; la loi anglaise en impose aux fantômes comme aux vivants: à peine si on entend soupirer le mot *shilling*, lorsqu'on traverse un de ces tourbillons d'âmes plaintives.

J'ai médité longtemps sur ces étonnantes

apparitions, je n'ai pu assigner une destinée raisonnable à ces femmes, si ce sont des femmes. J'ai questionné les Anglais, mais les Anglais sont habitués à ces choses, et ils n'en savent pas plus que moi. En général, les nationaux sont fort ignorants sur les phénomènes de leur pays; il faut s'adresser aux étrangers pour en obtenir la solution. Où vont ces myriades d'ombres affamées? De quoi vivent-elles, dans un pays où la prostitution est avec raison tenue à distance, comme une léproserie ambulante, comme un fléau vivant et contagieux? Où sont les passions ténébreuses qui alimentent cette vaste misère? Je n'ai rien vu, rien appris, rien observé qui puisse satisfaire la curiosité du voyageur sur ce point. A Manchester, l'énigme est encore plus obscure que partout ailleurs. Dans cette ville laborieuse, la nuit est religieusement observée dans ses traditions de sommeil et de repos. La prostitution seule veille et marche; elle ne cherche et n'attend personne; elle reste dans un isolement ruineux et désespérant, mais avec une résignation plus merveilleuse encore que son existence. Le hasard m'offrit une scène qui ne s'effacera jamais de mon souvenir. Depuis l'esplanade de l'hospice jusqu'à la rotonde voisine de la poste, c'est-à-dire dans toute la longueur d'Hay-Market, cette immense rue qui serait escarpée comme une montagne si le travail n'en eût adouci la pente, on avait creusé pendant le jour un double rang de fossés profonds pour restaurer les canaux souterrains du gaz. Hay-Market n'était donc éclairé cette nuit-là que par d'énormes cassolettes de fer où flambait le charbon de terre. Les lueurs de ces étranges candélabres jetaient leurs reflets sur les maisons, toutes bâties de briques rouges, et faisaient ressortir dans la nuit la couleur de ces façades, qui se perdaient dans un horizon de ténèbres. C'est dans les rayons de cette illumination infernale que je voyais défiler ces ombres de femmes, une à une, la tête basse, les bras croisés sous un châle en lambeaux, tenant scrupuleusement la gauche ou la droite du trottoir, selon qu'elles descendaient ou montaient la rue. Aux angles des carrefours s'immobilisaient des groupes silencieux de jeunes filles qui regardaient flamboyer le charbon et n'avaient pas l'air d'avoir d'autres soucis que de suivre la décroissance du combustible. Par intervalles, la flamme faisait rayonner un joli visage sous un chapeau de soie dévasté par une longue misère de famille : c'était le corps d'un ange dans des haillons fondus en charpie fangeuse, une rose emprisonnée dans des toiles d'araignée. Pauvreté hideuse, qui ne peut recevoir du secours ni de l'aumône ni de la passion !

A Londres, j'avais souvent remarqué au carrefour de *Castle-Street* des orgies nocturnes faites avec silence et gravité, devant une boutique de comestibles ouverte jusqu'à l'aurore, et dont les lanternes de gaz prodiguaient une lumière éclatante comme le jour. Les *policemen* se mêlaient avec une familiarité sérieuse à ces ébats d'une prostitution ivre d'ale et de scherry. Dans ce défilé, la foule était quelquefois si compacte qu'on ne pouvait la traverser sans ressentir les angles aigus des marins sortis du *Public-House* du voisinage. Rien n'est singulier à voir comme cette apparition de bruit et d'agitation dans une foule de rues où ceux qui parlent parlent bas. Je n'ai rien trouvé de semblable à Manchester. Arrivé à mi-côte d'Hay-Market, je pris à droite et je m'enfonçai dans des rues désertes, largement éclairées pour moi seul avec ce gaz anglais qui donne tant de lumière la nuit à ceux qui ont tant d'obscurité le jour. De temps en temps je rencontrais des lambeaux de prostitution détachés de la métropole d'Hay-Market : je voyais des ombres stationnées derrière des grilles comme des âmes haletantes d'espoir aux soupiraux du purgatoire, dans une fresque d'Andrea Orcagna; j'en vis d'autres qui rallumaient leurs lampes aux candélabres de la rue, comme les vierges folles de l'Évangile; d'autres, assises sur le gradin du trottoir, la tête appuyée sur les mains et regardant le pavé; d'autres qui vaguaient sans but, hâtant le pas et le ralentissant, puis se retournant avec un mouvement brusque, et toujours étalant, avec une certaine coquetterie, des robes, des châles, des chapeaux fanés ou tombant en guenilles. Le gaz éclairait tout cela joyeusement, comme un rac### fashionable de Londres ou de Paris. Par un labyrinthe de rues, j'arrivai sur une place lugubre, qui est entourée d'une grille, la place de la vieille église *Old-Church*. Je n'ai su son nom que le lendemain.

Rien, dans nos villes de France, ne peut donner une idée du tableau de Manchester pris de ce point de vue. *Old-Church* domine la ville basse; c'est un belvédère d'où l'on aperçoit, la nuit, un prodigieux amoncellement de masses noires, où le gaz jette de pâles éclaircies de lumière et fait saillir les ombres colossales des obélisques manufacturiers qui se hérissent partout sur les toits à des distances infinies. Ces clartés livides qui sont semées sur un fond ténébreux, comme des constellations terrestres, ne déterminent aucune limite à l'horizon de cette ville; aussi donnent-elles à Manchester une étendue fantastique : c'est tout un monde qui dort. Sur la place s'élève l'église qui lui donne son nom. Ce monument semble appartenir à une architecture idéale et à l'antiquité plutôt qu'au moyen âge; on serait fort embarrassé d'assigner une date à sa naissance. Le clocher, qui est la pièce principale de l'édifice,

monte carrément à une grande hauteur, avec
ses assises en relief émoussées aux angles
par les siècles et noires comme des couches
de tisons éteints. La nuit, cette église est
d'une tristesse qui s'allie peu avec le sentiment que portent avec elles les pierres con-
sacrées par la religion ; on dirait d'une église
qui a renié Dieu et fait un pacte avec l'esprit
des ténèbres. Autour du monument règne
une vaste terrasse avec des dalles tumulaires
pour pavé, comme sur le parvis de Westminster. Là rôdaient encore, dans leurs in-
croyables fantaisies, les prostituées de la
faim, toujours sans se plaindre, sans parler,
sans dormir, n'attendant rien, ne cherchant
rien. C'était pour moi comme une vision des
nuits de fièvre : à mes pieds une ville immense, au-dessus de ma tête un ciel sans
étoiles, un abîme d'un noir mat, comme on
se représente le néant ; devant moi un cime-
tière animé par des ombres qui semblaient

tourbillonner sous le pouvoir d'un souffle surnaturel, et ce clocher sombre, étrange, couronné de monstrueuses figures de pierre, de faces de démons, de péchés capitaux personnifiés, tour funèbre et taciturne comme un monument d'apostasie élevé à la gloire de Satan.

A quelque distance d'*Old-Church*, je reconnus une place que j'avais traversée dans la journée, et qui fut le théâtre d'une scène mystérieuse faite pour étonner et pour attendrir. Après le coucher du soleil, j'avais vu là rassemblés un grand nombre de femmes, d'hommes et d'enfants, qui chantaient un cantique sur un air dolent, comme tout ce qui vient de la mélopée de Luther. Cette foule était grave, recueillie, et jamais distraite par les objets extérieurs : les spectateurs non initiés entouraient les chanteurs et les écoutaient avec une physionomie pleine d'intérêt et de tolérance. Le sol était jonché d'enfants demi-nus, qui se roulaient silencieusement dans la poussière, et à chaque instant d'autres enfants arrivaient par les issues, tout déguenillés, pâles, maigres à faire pitié, misère fluide de moindre dimension qui coulait aux pieds de la grande. Quelques-uns pendaient en grappes hideuses au cou et aux mains de leurs pauvres mères; le plus grand nombre semblait abandonné à la Providence ou aux hasards secourables de la philanhropie. Voilà donc, me disais-je, l'écume vivante qui flotte de toute nécessité sur les villes manufacturières! Est-ce donc à ce prix que l'industrie arrive au triomphe? Le commerce maritime est plus heureux, il fait vivre tous ceux qui baignent leurs pieds dans un port. A Manchester comme à Lyon, la navette et le métier échappent à chaque instant aux mains du pauvre. Mais les économistes ne trouveront jamais de remède à cela! Toutefois, il n'y a pas de commune mesure à établir entre la misère endémique de Lyon et celle de Manchester. J'ai vu Lyon dans ses plus mortelles crises, je l'ai vu placé entre la famine et le fusil de l'insurrection, mais jamais, à ces cruelles époques, je n'ai rencontré dans ses rues un seul groupe de l'immense tableau qui a pour cadre l'enceinte de Manchester. J'ajouterai même que nos yeux se révolteraient devant cette incroyable misère qui se liquéfie et se fond avec la boue dans les beaux quartiers de Manchester et de Dublin. Là, le peuple est arrivé au stoïcisme par l'habitude du spectacle. Un industriel de Manchester est exact et rigoureux dans ses calculs de commerce; il prend des ouvriers en grand nombre et les paie bien tant que les affaires marchent; la crise arrivée, il donne un secours temporaire à ces malheureux, et sa conscience est en repos. Au fait, l'algèbre de la philanthropie n'en demande pas davantage. Autre différence entre Lyon et Manchester : en France, la misère est honteuse; c'est toujours la *turpis egestas* de Virgile : elle prend les attitudes suppliantes, elle donne des regards accusateurs à l'homme et au ciel, elle fuit les quartiers opulents de peur de les salir, elle fait violence à l'aumône, elle prend Dieu à témoin de votre charité, elle veut qu'il soit pris acte de son état, parce qu'il y a toujours une sorte de consolation au fond du malheur consommé lorsqu'il est reconnu. A Manchester, la misère semble avoir accepté sa destinée comme chose due; elle a une figure calme, aussi éloignée de la résignation que du désespoir; elle regarde passer les heureux sans envie ni importunité, elle demande sa place au trottoir du palais et de la masure, elle n'a pas l'air de prendre en souci sa position, elle parodie même avec un flegme inconcevable toutes les pièces d'un ajustement de luxe; elle porte quelquefois un chapeau, un châle, une robe de soie, des gants, mais elle n'a pas de souliers. J'ai vu dans la rue haute de *Zoological-Garden*, à Liverpool, une mendiante fièrement parée d'un boa au mois de juillet. Ce boa avait laissé son duvet en pâture à trente générations d'insectes rongeurs, mais c'était toujours un boa; son squelette serpentait encore avec une certaine coquetterie sur un amas de haillons figurant la robe et le châle. Telle est la misère de ce pays.

La place où tant de malheureux s'étaient donné rendez-vous pour chanter le chœur de la famine était déserte à cette heure. Je la traversai pour aboutir à Hay-Market et remonter la côte jusqu'à la grille de l'hospice. A la lueur d'un candélabre, je lus sur l'angle d'une rue *Rue du Port*. Cette inscription me sembla toute de fantaisie; il ne me paraissait pas probable que ce chemin, situé sur une montagne, conduisît au port de Manchester.

A tout hasard, je m'y lançai, insoucieux, comme je le suis toujours, du but de mes courses dans les villes que je ne connais pas. A l'extrémité de cette rue j'en vis une autre, longue et large démesurément; son nom, je l'ignore. Je pris à droite, et, à l'odeur du goudron qui remplissait l'air, je reconnus le voisinage d'un port. Quel port! Ce n'est ni le bassin de Marseille, qui s'allonge comme l'ellipse d'un cirque, ni la belle rivière de Liverpool, qui donne une lieue de sa rive droite aux navires qui lui viennent de l'océan voisin. Manchester est au milieu des terres, et c'est bien glorieux à lui d'entretenir commerce avec la mer par ses écluses et ses canaux. De ce côté, Manchester ressemble à une Venise passée à la suie. Il y a des rialtos enfumés, des ponts des soupirs vernissés au charbon, des canaux bordés de palais noirs qui sont des arsenaux de commerce, de longs quais gluants, jalonnés, d'anneaux de fer où s'amarrent les coches; c'est encore un spectacle unique au monde, surtout de nuit, quand on contemple cet amas prodigieux d'usines, ces ponts d'ébène jetés sur une eau plombée, comme les ponts du Cocyte, ces forêts d'antennes chargées de voiles sombres, comme les ailes colossales d'oiseaux de ténèbres, ces gouffres mystérieux où s'abîment des torrents, ces fabriques à mille croisées portant sur leurs toits d'énormes moulins de fer, toute cette autre ville flottante qui est le centre des besoins industriels du globe et qui se montre, comme un ouvrier robuste et laborieux, non pas sous le vêtement soyeux du sybarite, mais avec la noble livrée du travail.

Le voyageur oisif et inutile à la société, le voyageur désœuvré qui arrive devant un pareil tableau, se trouve confondu de surprise et d'admiration : il reconnaît une race d'hommes supérieurs à ceux qu'il a vus, et il s'humilie au pied de ces hautes œuvres qui rendent l'humanité digne de Dieu. Pour moi, qui tiens la première place parmi ces voyageurs, je ressentis profondément ces impressions; je demeurai longtemps en extase devant ce culte du travail dont chaque maison était le temple. La nuit donnait à la pensée ce recueillement solennel qui lui est refusé par le fracas étourdissant du jour. Qu'il me paraissait sublime, ce repos de cette forte ville placée entre les fatigues de la veille et les devoirs du lendemain ! Ils étaient là, autour de moi, cent mille qui dormaient à la hâte pour être debout à l'aube et interroger devant la forge le génie inépuisable des grandes inventions. Ces œuvres qui s'accomplissaient dans leur perfection incomparable étaient destinées à cet univers anglais presque aussi grand que la terre; elles allaient, à travers l'Océan, retentir sur quelque rocher de la mer du Sud ou dans quelque massif d'ombrage aux comptoirs coloniaux des archipels et des continents indiens. Ce Manchester que je voyais dormir au bord des canaux était l'atelier du monde; c'est à lui qu'on a recours quand il faut creuser une route à travers les montagnes, emprisonner un volcan dans un vaisseau, amollir le métal comme la cire, lancer un bloc de roche équarri au sommet d'un édifice, ourdir les tissus, cuirasser les navires contre les écueils. « Quand il faut servir l'homme dans ses besoins, ses plaisirs, son luxe, ses caprices, ses travaux, adressez-vous à la Venise de marbre, à la Venise des poëtes, à l'amante de Byron, ce désœuvré sublime; demandez-lui un clou pour fixer une plaque de cuivre à la coque d'un navire, elle vous chantera une barcarolle, elle ne vous donnera rien; demandez tout à la Venise enfumée de Manchester, elle vous donnera tout. Allez la trouver dans son sommeil, la Venise de marbre, implorez l'aide de ses bras pour quelque rude travail dans les lagunes, elle retombera dans sa mollesse en vous disant d'attendre le soleil. Donnez un coup de marteau à minuit sur l'enclume de la Venise de Manchester, dites aux cent mille cyclopes de ce Polyphème anglais que le Gange, l'Oronte, l'Euphrate, attendent ses chaudières de fer, vous allez voir étinceler les vitres au front de ces monuments innombrables, vous allez voir ces lourdes voiles frissonner au souffle des forges, ces barques creuser l'onde épaisse du canal, ces écluses rouler sur leurs gonds, ces façades de briques reluire aux reflets des flammes, ces moulins de fer tourner comme des girouettes de château, toute cette immense fournaise bouillonner et vomir les feux par mille cratères; vous verrez éclater, dans son magnifique travail, le volcan de l'industrie et de la civilisation. »

L'aube me surprit dans ces pensées; les

premiers et pâles rayons du jour glissèrent sur les eaux du canal sans leur ôter la teinte sombre qui les couvre. Le brouillard, refoulé par la chaleur supérieure, se fondit en rosée et découvrit, comme un rideau de théâtre qui se lève, toute cette partie navale du vieux Manchester. Déjà les mariniers apparaissaient sur le pont des barques, les travailleurs du port débouchaient de toutes les issues. Le laborieux géant se réveillait et saisissait avec tous ses bras le marteau, la scie, la navette, le soufflet de forge, le lingot de fer. Un cri tombé d'en haut semblait avoir appelé Manchester à son œuvre puissante de tous les jours. En longeant la ligne des édifices, j'entendais le fracas intérieur qui ébranle leurs planchers de briques; ces grands corps d'architecture avaient une âme et se renvoyaient par leurs croisées ouvertes le cri du réveil. Les herses, en se levant, découvraient des magasins béants comme des gouffres; les becs de fer se tordaient sur les quais pour saisir les marchandises; de tout côté surgissait quelque ingénieux mécanisme qui venait en aide à la main de l'homme et allégeait le fardeau. Aux éruptions lointaines des trombes de fumée on devinait déjà que la furie industrielle courait des rives du port jusqu'au hangar du rail-way, et que tout Manchester avait entonné l'hymne du travail, qui ne devait cesser qu'avec le jour.

Il n'est pas de ville, sans contredit, plus intéressante en Angleterre et au monde : aujourd'hui, Manchester n'est que le laboratoire de l'univers; il ne se fait admirer que par la rudesse de son labeur et ses inventions cyclopéennes; eh bien! un jour viendra qui lui donnera d'autres destinées : l'or après le fer. Ce sera l'Athènes du Nord bien mieux qu'Édimbourg, qui n'a su se faire qu'une architecture d'emprunt, et qui a servilement copié l'art grec, impuissant qu'il était à créer un art national. Jusqu'à présent, le peuple de Manchester a fait preuve d'une imagination incomparable dans l'œuvre de l'industrie ; c'est aux découvertes utiles qu'il a toujours appliqué ses étonnantes facultés de création : mais on s'abuserait étrangement si l'on croyait que ce génie s'est révélé sous toutes ses faces ; il y a chez lui un foyer d'enthousiasme qui doit porter d'autres fruits. J'ai vu ce peuple au théâtre, le peuple de l'usine étalant ses bras de fer sur les quarante banquettes qui lui sont réservées, et laissant tomber du cintre un tonnerre d'applaudissements avec une intelligente précision d'à-propos ; je l'ai vu aux meetings électoraux, et bien plus ardent, bien plus orageux, bien plus jaloux de ses droits d'homme que ne le fut jamais un peuple méridional, échauffé au soleil de Rome ou d'Athènes. J'en ai conclu que les climats et les latitudes devaient être mis hors de cause dans la question de l'art, ou bien que ces climats opposés amenaient des effets identiques. Il m'est prouvé que dans cette immense agglomération d'ouvriers on trouverait des architectes et des statuaires, de grands artistes inconnus et qui attendent l'heure de la révélation pour donner à Manchester un art national. On voit déjà, dans cette partie de l'Angleterre, surgir une architecture jeune et timide, qui s'essaie par l'imitation et marche à l'originalité. On a déjà compris que la forme et la matière des monuments devaient s'harmoniser avec le ciel; que le marbre de Carrare ou la pierre blanche frissonnaient dans le Nord; que la colonne d'Ionie, les chevelures d'acanthe, les fûts gracieusement cannelés, avaient horreur de la pluie et des brouillards.

Ainsi, à Liverpool, autre ville qui s'avance vers un grand avenir, avec ses richesses, son commerce prodigieux, son intelligence et ses admirables femmes, à Liverpool on achève en ce moment le palais de la douane, palais cent fois plus beau que la Bourse de Paris. La douane de Liverpool n'a pas visé à la coquetterie, elle ne s'est pas coiffée à la grecque avec des aiguilles de fer à la Franklin, elle ne s'est pas percée à jour avec des croisées à l'infini, elle n'aura pas besoin d'écrire son nom en lettres d'or sur le fronton pour se faire reconnaître du passant. La douane de Liverpool est un édifice digne de la première ville commerçante du monde; elle est d'un marbre à grain sombre, veiné de noir, matière admirablement choisie; elle a trois colonnades d'un ordre imposant et sévère, et sa magnifique façade regarde la rivière et l'Océan. C'est le portique du commerce universel. L'autre voisin de Manchester, Birmingham, est artiste comme Florence sous le dernier des Médicis; Birmingham copie et crée : encore quelques années, il ne copiera plus. Ses deux récentes œuvres sont empreintes d'un caractère de grandeur qui fait deviner un glorieux avenir; ce sont deux palais magnifiques, qui laissent bien loin en arrière l'architecture cartonnée de Londres, à l'exception toutefois de Saint-Paul, *Grammar-School* et *Town-Hall*, dans *New-Street*, et qui, à Birmingham, révèlent un véritable sentiment d'artiste. Manchester n'a rien encore à opposer à la douane de Liverpool et aux deux édifices de Birmingham; mais le jour que ce géant de l'invention prendra l'équerre et la truelle, il créera du premier coup un système d'architecture étonnant. Ce sera un jeu pour Manchester de remuer la pierre, de la ciseler, de l'équarrir, de la porter aux nues. J'ai vu bâtir des maisons à Manchester; l'architecte s'inventait pour lui-même ses outils et ses machines; il simplifiait son œuvre à l'aide d'un petit atelier à vapeur qu'il improvisait pour la circonstance ou d'un mécanisme à rouages légers qui voltigeait le long des corniches supérieures en apportant à l'ouvrier la pierre et le ciment. A Manchester, toute exigence de travail est satisfaite sur l'heure; l'instrument est toujours là pour répondre au besoin. Confiez donc des œuvres d'art à ces intelligences douées de la double organisation du calcul froid et de l'imagination vive, et vous verrez ce qui sortira de leurs mains.

A Manchester, je n'ai rien trouvé de ce qu'on aime dans les villes : ni la beauté du ciel, ni la verdure des jardins, ni le bruit des fontaines, ni le sourire du soleil, ni l'éclat des promenades, ni la gaieté des rues, rien de ce qui charme dans notre midi. En descendant du wagon de Birmingham, lorsque je mis le pied sur le pont de ce canal qui baigne bourbeusement les prairies noires du faubourg de Manchester, je fus saisi d'un ennui profond. Je voyais cette ville énorme, qui couvre des collines et des vallées dans son atmosphère triste, froide, brumeuse; je contemplais avec mélancolie cette vaste forge cyclopéenne qui donnait au ciel sa fumée et ce ciel qui lui rendait la pluie en échange; je n'avais pour me consoler que la vue d'une superbe église gothique, perdue à droite dans un lointain sombre, aux limites de la cité. Alors me revenait à l'esprit le souvenir de ces émotions de voyage, lorsqu'on entre par une belle soirée de printemps à Florence, à Rome, à Naples, et que tout vous fait fête, le ciel, les collines, les bois, la mer. Il me semblait que Manchester, tout entier à ses forges, à ses manufactures, n'avait pas un asile à donner au voyageur qui venait le visiter par désœuvrement. Une rue interminable se déroulait devant moi; je n'y remarquai qu'une église neuve, de style gothique, isolée sur une place; à gauche et à droite, les éclaircies des carrefours me laissaient entrevoir les deux ailes de la ville, qui s'étendaient à des profondeurs infinies, mais sans m'offrir une de ces enseignes d'auberge qui attirent gracieusement l'étranger. On m'avait indiqué *Albion-Hotel*, mais je désespérais de l'atteindre, car j'avais déjà fait deux lieues sans le rencontrer. Enfin, on me désigna mon gîte sur la place de Piccadily; triste apparence d'hôtel, maison basse, bâtie à nu de briques rouges, au coin d'une rue étroite et sombre. J'entrai pourtant, et je commençai à me réconcilier avec Manchester. Cet *Albion-Hotel*, qui n'a rien sacrifié à l'extérieur, est à coup sûr l'un des meilleurs hôtels de l'Europe; on y trouve le comfortable anglais jusque dans ses moindres détails : chambres, repas, service, tout est au souhait du voyageur. Insensiblement je m'habituai à cette ville extraordinaire; après quelques jours je l'aimais. Maintenant, c'est de toutes les villes d'Angleterre celle qui reste dans mes affections de souvenir; en la quittant je lui ai dit : Au revoir !

QUATRIÈME SOIRÉE.

— Ma chère Octavie, dit Edward, continuons nos voyages sédentaires.

De même que ce coin de terre indien rappelle exactement à ton souvenir un fragment de campagne arrosé par la Seine, entre Meudon et Saint-Cloud, ainsi j'ai vu souvent deux paysages, situés à des distances infinies l'un de l'autre, se ressembler dans tous leurs détails. Cette similitude a même été si frappante, que des animaux se sont trompés. Je me trouvais à Marseille lorsqu'une girafe y débarqua, et cet animal, en se promenant *extra muros,* fut dupe d'une pareille illusion. Des choses étranges et d'une couleur fantastique se rattachant à cette erreur topographique de girafe, je veux tout raconter dans le même récit.

Lorsque la girafe destinée au Jardin des Plantes de Paris eut été débarquée à la douane de Marseille, comme marchandise prohibée non classée par le tarif, le conseil municipal chargea deux savants de mener paître dans les bois cet animal fabuleux. Ces messieurs, hommes instruits quoique savants, trouvèrent une idée : ils se dirent que, puisque la girafe venait d'Afrique, on devait la conduire vers des pâturages de physionomie africaine, ayant roches nues, bois de pins, sable brûlant. L'animal et sa cour scientifique sortirent de la ville et se dirigèrent vers un village brûlé par le soleil du midi et par les torches révolutionnaires, village sans arbres ni sources, village hydrophobe, qui ne boit qu'à la pluie, et dont tous les habitants sont hydropiques. Ce village s'appelle Mazargues, de deux noms celtiques, disent les savants, qui signifient maisons arrosées par les eaux.

De ce village éternellement altéré, la girafe entra dans une campagne dévastée par les sauterelles, le vent et le sable marin. L'horizon est barricadé au midi sous de hautes montagnes blanchies par six mille ans de coups de soleil; par intervalles elles laissent couler vers la plaine quelques vallons vêtus de pins, forêts d'une fraîcheur brûlante, aux ombrages sudorifiques; des milliers de cigales y chantent l'hymne du soleil, que des milliers de grillons traduisent ensuite en hymne de la nuit. Des odeurs balsamiques courent dans l'air; elles s'exhalent des pins, des touffes d'aspic, des buissons de thym et de lavande, des vagues voisines qu'on entend rouler sur les écueils et qu'on ne voit pas. C'est l'Afrique, non pas celle du dey d'Alger ni des Hottentots, mais l'Afrique mystérieuse, intérieure, non visitée, recueillie, avec ses vallons vierges de pas anglais, ses collines primitives, son silence de solitude, ses reflets de sable en plein soleil, ses bruits de vagues invisibles et ses mélodies de bois de pins qu'un orchestre ne redira jamais.

La girafe rendit grâce aux savants, et elle s'écria comme Scipion : *Te teneo, Africa!* Elle tordit gracieusement son cou d'autruche et elle prit son vol comme un oiseau quadrupède ; elle abandonna ses antilopes nourricières, son guide algérien, ses deux savants, et le sténographe qui dressait procès-verbal de la cérémonie pour le compte de M. Cuvier. Nous courûmes tous, comme une gendarmerie de naturalistes, sur les traces de la belle fugitive; il est probable qu'elle fut reprise, puisque je l'ai vue hier dans son palais, faubourg Saint-Marceau; mais, quant à moi, je ne fus pas complice de son arrestation. A force de courir après l'animal, je m'égarai sur cette terre d'Afrique; en cherchant les traces de la girafe, je perdis les miennes; en essayant de retourner sur mes pas, je ne trouvai plus mes pas, le vent les avait effacés sur le sable; j'étais enlacé de montagnes, de vallons, de précipices, de bois; j'avais à choisir entre vingt sentiers croisés, sentiers trompeurs, tracés à dessein par une main inconnue; ils aboutissaient tous à des rochers taillés à pic comme des remparts, et dont les touffes de saxifrages, agitées au vent, semblaient rire de mon embarras. Le soleil était près de se coucher, je ne pouvais m'orienter sur son cours; de hautes montagnes me dérobaient l'horizon du couchant; je n'avais d'espoir que dans la constellation d'Orion, qui se lève sur la colline appelée *tête de Puget.* Mais Orion se lève fort tard, nuit close, et il m'était terrible d'attendre la nuit dans cette solitude. C'était justement un vendredi; je me mis à maudire la girafe, parce qu'il faut toujours maudire quelque chose dans son désespoir.

Avançant, reculant, et surtout m'arrêtant, je me trouvai compromis dans un massif de pins grêles qui paraissaient avoir été écaillés par des doigts de fer; cela me fit frémir. Je me demandai la raison de mon frémissement, et je ne me répondis pas. Mon silence m'alarma davantage; je tâchai de me rappeler une chanson, j'en sais mille, pas une ne me vint à l'esprit; je n'avais dans l'oreille que le chant du cor de l'ouverture de Weber et l'épouvantable unisson de *ré bémol* d'*Euryante : Chasseur égaré dans les bois.* Le jour tombait; il y avait même en face de moi une gorge béante déjà noire comme à la nuit. Un instant je crus voir la girafe sortir de cette gorge; je faillis tomber de peur : c'était une roche jaunâtre, aiguisée en pointe et tachetée de feuilles sèches. J'aurais ri volontiers, mais j'avais oublié comment le rire se faisait : l'aspect du lieu devenait toujours plus satanique. Si j'avais l'honneur d'être Berlioz, je volerais à la nature la symphonie qu'elle exécutait alors pour moi, dût-elle m'attaquer en contrefaçon. Les instruments étaient peu nombreux, mais ils versaient une large harmonie; un ruisseau pleurait, les aiguilles des pins frissonnaient, les saxifrages murmuraient avec mélancolie, les feuilles jaunes et sèches tourbillonnaient à la brise, le grillon exécutait son nocturne; la montagne tirait des accords de toutes ses cavernes, la mer de tous ses écueils; un pin gigantesque, en inclinant et relevant un de ses longs rameaux dépouillés, ressemblait à l'*Habeneck* de cet orchestre mystérieux des bois. Dans cette ravissante ouverture du drame de la nuit, il n'y avait pas une fausse note, pas un accord contre les règles, pas une erreur de composition; la nature orchestre supérieurement ses œuvres musicales; elle combine avec un art incomparable tous les sujets qui exécutent ses partitions inédites. Peu lui importe d'avoir des auditeurs; elle se fait jouer pour son plaisir d'égoïste, elle se complaît à son ouvrage, elle s'applaudit et ne fait lever le rideau qu'à l'heure où la campagne est déserte, où les villes s'illuminent de clartés pâles, où les pauvres humains s'enferment entre quatre murs tapissés de paysages pour échanger entre eux les longs bâillements de la veillée et les paroles nauséabondes qu'ils appellent les charmes de la conversation.

Oh! que j'aurais bien voulu être enfermé, le soir de la girafe, entre ces quatre murs dont je parle avec dédain. Le jour était mort, je comptais sur la lune; mais la lune ne devait se lever que le lendemain avec le soleil. C'est bien la peine d'avoir une lune! Je ne demandai qu'une faveur au crépuscule, le dernier de ses rayons pour me montrer le bon sentier. J'aurais bien prié Dieu, mais j'avais peur d'offenser le démon; à coup sûr, je marchais sur ses domaines, et je respecte toujours l'autorité régnante dans les pays que je visite. De pins en pins, de buissons en buissons, j'atteignis les limites de la terre végétale; un arceau brisé dans sa clef de voûte était devant moi: c'était mon Rubicon; je me recommandai aux patrons de l'alcôve de ma mère et je franchis l'arceau. J'étais entré dans un puits, mais un puits assez large pour boire un jeune lac; il y faisait presque jour, parce que le soleil avait tellement aiguisé ses rayons sur les immenses parois des rochers, que la fraîcheur de l'ombre n'avait pu éteindre encore tant de parcelles lumineuses incrustées pendant le jour : ce que je dis là est, je crois, une erreur en physique, mais je ne crois pas à la physique. Ce puits était formé de roches circulaires à pic comme un Colisée naturel; à droite et à gauche, je voyais des galeries étagées, qui avaient l'air d'attendre des spectateurs; après l'arceau, il y avait une jolie petite caverne tapissée de lierre, avec deux siéges proprement taillés : c'était comme un bureau pour déposer les cannes et les parapluies. Un vieux pin rabougri murmurait des plaintes devant ce bureau, et, dans mon état de trouble, il me sembla que ce vieux pin me demandait mon billet. J'entrai hardiment, d'un pas d'auteur, et je courus à l'avant-scène; là, c'était à faire frémir les deux Ajax. Une large et haute voûte minait le pied de la montagne, une source d'eau vive tombait du roc; je l'appelai la *Fontaine d'ivoire,* non pas dans ce moment, car je ne songeais guère à baptiser des fontaines, mais longtemps après. Des tentures de lierre noir couvraient cette voûte et lui donnaient l'aspect d'une chapelle funéraire; au centre montait un catafalque qui avait pris la forme d'un aqueduc; le sol était jonché de hideux débris, le lierre et la source chantaient en duo le *Dies iræ* de Mozart. J'interrompis un instant une des deux parties pour lui demander un verre d'eau, car j'avais fièvre et soif.

J'entendis un bruit de pas derrière moi, je n'osai regarder; les cailloux du sentier grinçaient sous des pieds ferrés. Au hasard, je risquai un œil de ce côté; c'était un pâtre, du moins je le suppose, car deux chèvres le suivaient lentement. — Mon ami, lui dis-je, où est le chemin qui conduit à la ville? — Citation empruntée à l'*Églogue de Mœris*. Le berger ne me répondit pas, mais de sa main il me désigna un sentier suspendu au flanc d'une montagne. Je n'avais pas encore remarqué cette montagne; le sommet était abominable à voir; il montait au ciel dans une forme révoltante et qu'on ne peut décrire; c'était comme une impudique pensée de granit lancée au ciel pour arrêter le vol des sorcières. Des coups de tonnerre avaient détaché de cette masse d'énormes blocs gisant à mes pieds; oh! c'est qu'il doit s'être passé là des choses qui appellent la foudre en plein azur! Au bas s'allongent les ruines d'un camp romain ou d'une métairie abandonnée; un chêne poitrinaire s'est réfugié là comme un ermite en méditation, à l'abri du vent sous la montagne. Des pins échevelés semblent descendre des cavernes du pic, comme une troupe de bandits qui courent au voyageur. Toutes les harmonies de ce lieu sont dolentes; il y a, dans les crevasses des rochers, des oiseaux non classés par l'ornithologie; ils chantaient aux chauves-souris des airs sombres comme une absoute. La nuit arrivait noire, mystérieuse, toute pleine de confidences que la gamme de la brise glisse à l'oreille à travers les touffes de cheveux. Je levai les yeux au ciel pour me réjouir aux étoiles; une seule constellation luisait sur un fond obscur, la grande Ourse, magnifique fauteuil d'étoiles renfermé à demi, comme si le Dieu du ciel venait d'être détrôné par Satan. Je me mis alors à marcher dans la direction des sept étoiles; mon chemin s'éclaircissait peu à peu. Je sortis du puits, tout joyeux de n'avoir pas été surpris par le coup de minuit dans cet horrible amphithéâtre où tant de scènes allaient être jouées par des acteurs de l'enfer. Une lueur de foyer humain m'annonça la campagne cultivée; je reconnus avec joie un portail rouge : c'est une maison isolée, fort remarquable; là vit un patriarche, un vieillard, qui a subi des jours orageux. Il a été bourreau; il a eu, dit-il, beaucoup à souffrir de la malignité des hommes; il s'est fait misanthrope; il cultive son jardin, boit du lait, vit de ses rentes, et fait peur aux passants.

Quelques années après, sous la lune d'avril, à onze heures du soir, je me rendis à la fontaine d'ivoire; le souvenir de ma découverte m'avait longtemps poursuivi, j'y pensais toujours. Lorsqu'on me montrait en voyage un site effrayant, je répondais par habitude: Cela ne vaut pas la fontaine d'ivoire; alors on m'interrogeait, et je répondais ce qu'on vient de lire. A mon retour, je n'étais pas seul, j'étais accompagné de cent musiciens et artistes et de trois fourgons d'instruments de cuivre. J'avais fait un appel à tout un orchestre d'amis, et on m'avait répondu avec zèle. Ce fut une fête comme il n'y en aura plus sur cette fade planète.

Vous avez entendu l'ouverture de *Freyschütz* à l'Opéra, au Conservatoire, à Favart;

c'est une pastorale, un menuet, que vous avez entendu. Mes musiciens s'assirent sur des siéges de roche, dans la voûte tapissée de lierre et de nids de chauves-souris. Nous avions apporté une énorme cloche fêlée sur un fardier; on la suspendit sous la voûte : elle sonna minuit pendant un quart d'heure; nos oreilles saignaient. La montagne est creuse, elle sonna comme la cloche : à chaque coup les réseaux de lierre se crispaient comme une toile d'araignée. Il y eut beaucoup de plaintes dans l'air, plaintes exprimées dans cette langue que la nuit parle, et qui ressemblaient à de sourdes protestations d'êtres invisibles qui se révoltent contre une usurpation de localité. L'ouverture de *Freyschütz* commença. Je m'étendis sur un lit de cailloux plats antédiluviens. Weber avait travaillé pour cette nature. A peine le cor eut-il fait invasion dans le jeu de l'orchestre, que tous les objets environnants prirent un caractère de funèbre physionomie. Les montagnes ouvrirent leurs caverneuses oreilles, et le souffle de l'air anima le clavier de leurs mille échos; les pins parlèrent aux mousses des pics, les collines aux herbes de la plaine, les ruisseaux d'eau vive aux cailloux polis, les grillons aux chênes verts, les vagues marines aux tristes écueils; tous ces murmures, toutes ces plaintes, toutes ces voix de la nuit emportaient au ciel l'infernale harmonie de Weber. Je regardai les musiciens; ils avaient les cheveux hérissés comme des feuilles d'aloès.

Nous craignions de manquer de trombones : il en vint six pour attaquer l'évocation de *Robert*. Des voix se demandaient : Quels sont ces musiciens?... Personne ne les connaissait. On disait derrière moi : Ce sont des musiciens du 23ᵉ de ligne. Je me retournai pour voir qui disait cela : c'était une feuille de lierre ou personne. Le chef d'orchestre, qui était tout en feu et ne prenait garde qu'à sa partition, cria : Musiciens ! à vos places ! Êtes-vous là, monsieur Benedit ?

Le jeune artiste s'avança pour chanter l'évocation; il était pâle comme un démon incarné. — Ne chantez pas, lui dis-je, cela vous fera mal. — Impossible, me répondit-il, je suis sous l'obsession de l'art; il faut en finir avec Meyerbeer, il faut voir clair dans ses notes. — Ce sera une terrible nuit, n'est-ce pas ? — Terrible ! Avez-vous bien compris l'ouverture de Weber ? — Très-bien. — Demain, au jour, nous saurons la musique. — Oui, ce lieu est le conservatoire du démon.

Ce chaleureux jeune homme, artiste tout âme et conviction, appuya fortement ses pieds sur le sol humide de la caverne et dit au chef d'orchestre : — Je suis prêt.

Je crus que la montagne entière s'était faite trombone ou qu'elle s'écroulait. Benedit, avec sa magnifique voix, dit : *Nonnes qui repo-*

sez.... et resta court. Le chef d'orchestre s'écria, tourné vers les six trombones : — Que diable avez-vous dans le corps? — Les trombones sourirent et parlèrent bas aux contrebasses, qui ne répondirent pas.

Tous mes musiciens étaient profondément artistes; la solitude, le lieu, la nuit, avaient d'abord un peu agi sur leurs nerfs, mais ensuite ils se jetèrent de verve, tête première, en pleine symphonie, et ce fut alors un concert dont l'exécution foudroya la montagne. Une seule bougie jaune brûlait sur le pupitre du chef, comme le treizième cierge qu'on éteint aux ténèbres du vendredi saint; on ne voyait que le visage des musiciens, leurs instruments étaient dans l'ombre. Toutes ces têtes agitées de convulsions ressemblaient à des têtes de possédés se débattant sous l'exorcisme. Quand le jeune chanteur eut laissé tomber dans l'abîme le dernier *Relevez-vous,* tous les regards cherchèrent des fantômes dans le noir espace. Il s'en trouva qui se voilèrent les yeux à deux mains, car ce qu'ils entrevoyaient était insupportable à la paupière. Sur un rocher à pic, tendu comme un immense linceul, on vit passer une liasse d'ombres rouges que la lune même n'osa pas regarder, car elle prit le premier nuage venu et se couvrit les yeux comme nous. Et quand éclata le duo, que de choses inouïes furent entendues! que de choses invisibles furent vues! que d'émotions gaspillées dans les coulisses de carton et retrouvées ici! *Auras-tu le courage d'y pénétrer, seul, sans pâlir?* A cette formidable demande, le jeu funèbre des trombones jeta partout dans les vallées de lamentables points d'interrogation; toutes les plaintes des abbayes ruinées tombèrent des nues sous la caverne comme à un rendez-vous de notes déchirantes; l'air fut inondé de toutes les vibrations des lieux désolés; nous entendîmes des coups sourds de fossoyeurs, des roulements de balanciers dans le squelette des clochers gothiques, des vagissements de nouveau-nés dévorés par des guivres, des paroles de fantômes aux oreilles de Job, des grincements de marbres tumulaires, des mélodies d'épitaphes où la brise chantait la partie du *ci-gît*, des frôlements d'herbes grasses, des battements d'ailes de phalènes, des soupirs de goules, des éclats de timbre fêlé, des cris de vierges vampirisées, des déchirements de suaires, des cliquetis d'étincelles de chats noirs, des bruits de ferraille de spectres galériens, des trios lointains d'orfraies, de grands-ducs et d'hyènes; nos mains se collaient sur nos oreilles, mais le flot subtil de ces harmonies nous envahissait par tous les pores. Toute notre chair s'était faite oreille et absorbait les retentissantes émanations de l'air. Oh! qu'il en coûte de sonder les profonds mystères de la musique! Voulez-vous savoir jusqu'où peut aller la puissance d'une note dictée à minuit par un démon à l'oreille de Weber, de Mozart, de Meyerbeer? prenez cette note et jetez-la d'un coup d'archet sur le rocher de la fontaine d'ivoire.

Les musiciens étaient couchés, pâles, sur leurs instruments; l'intrépide chef d'orchestre, notre excellent et admirable M. Pepin, les réveilla de sa voix entraînante. — Allons, allons, s'écria-t-il, les chœurs? où sont les chœurs? Place, place au finale de *Semiramis! Qual mesto gemito!*

Le cuivre n'eut pas besoin d'annoncer le *grido* funèbre; le funèbre cri de Ninus sortit de la montagne comme d'une pyramide babylonienne haute de mille coudées. Toutes les impressions de terreur ressenties depuis le meurtre d'Abel coururent autour de nous avec les redoutables notes de Rossini; nous tremblâmes avec tous ceux qui avaient tremblé; à chaque coup de tam-tam sur la porte de la tombe, la montagne s'entr'ouvrait, en laissant évaporer par une crevasse je ne sais quelle forme vaporeuse à tête couronnée. Je regardai en dehors de la caverne; c'était une véritable nuit de Babylone. Les roches saillantes, les pics gigantesques, les montagnes amoncelées, les immenses arceaux granitiques, tout ce paysage grandiose, éclairé fantastiquement par les étoiles, ressemblait à cette architecture infinie créée par Martin, le Byron de la peinture. Aux massifs de pins élevés aux nues par les montagnes insurgées, on aurait cru voir le jardin suspendu de Sémiramis. La mer roulait des flots solennels comme l'Euphrate; le démon de la nuit éparpillait dans l'air tiède ces parfums orientaux qui conseillent l'adultère. On ressentait au cœur tous les frissons de l'épouvante et l'exaltation irrésistible de la volupté; la grande énigme de la musique se révélait à nos sens claire et sans voile; cette langue insaisissable de notes fugitives, cette langue qui ne dit rien et dit tout, et dont les villes ne connaissent encore que l'alphabet seul, oh! comme elle était comprise de nos sens dans cette nuit de révélations! La gamme s'était matérialisée. La partition n'était plus un recueil d'hiéroglyphes; toutes les idées métaphysiques du maître inspiré prenaient un corps, une figure, un relief d'animation, et on les embrassait avec délices comme un vol de femmes aériennes, on les repoussait comme des spectres hideux, on les écoutait avec ravissement ou terreur, comme la voix d'une amie ou le cri d'un démon. Le chœur babylonien était terminé et la vallée le chantait encore; les mille échos, pris au dépourvu par la rapidité du chant final, avaient des flots de notes en réserve à rendre à l'orchestre muet. La montagne, les bois, les pics, les cavernes, ces puissants choristes continuaient l'hymne que les faibles voix humaines avaient achevé; jamais Rossini n'eut des interprètes plus grands, plus dignes de lui : le chef d'orchestre, l'œil en feu, la poitrine haletante, l'archet levé vers la montagne, semblait conduire encore l'orchestre des échos. Puis un grand cri se fit entendre; jamais les hommes n'ont entendu pareil cri, depuis la nuit formidable où les cieux voilés laissèrent tomber sur la terre ces mots : *Le grand Pan est mort!....*

Ce soir-là Octavie voulut raconter à son tour une petite histoire, et elle dit : — Cher Edward, un jour, deux jeunes époux se promenaient dans la forêt de Saint-Germain; il y avait autour d'eux tout ce qui encadre si bien les entretiens d'amour : une ombre douce, des fleurs agrestes, un air tiède, le calme de la solitude, le charme du printemps. Le jeune mari s'arrêta au milieu d'une phrase passionnée pour regarder un arbre, et il dit avec l'accent de l'admiration : *Voilà un chêne bien beau!* puis il continua son discours.

La jeune femme baissa la tête, tomba en rêverie et n'écouta plus.

Après une longue pause silencieuse, le mari fit cette question : — Ma chère amie, tu parais inquiète, tu ne me réponds plus?

— Je n'ai rien, dit froidement la femme; et elle fredonna un air impossible.

— L'humidité des arbres t'a saisie peut-être, mon ange.... Veux-tu rentrer?

— Je n'ai rien.... absolument rien.

— Aurais-je dit quelque chose d'offensant pour toi?...

— Oh! vous êtes incapable de cela, dit la jeune femme avec un sourire larmoyant et les yeux fixés à la voûte des arbres.

Le mari inclina la tête et réfléchit quelque temps, puis il ajouta :

— Je m'efforce de me rappeler tout ce

j'ai dit, et je ne découvre rien qui ait pu déterminer chez toi un accès de mauvaise humeur.

— Mais je suis fort gaie, — dit la femme d'un ton mélancolique, — impossible d'être plus gaie.... Mon Dieu! que les hommes sont heureux!

— Ah! les hommes sont heureux? répéta le mari avec un accent d'interrogation.

— Oui, fort heureux, poursuivit-elle; ils trouvent si aisément une distraction, une joie, un bonheur, une extase.... La moindre chose les fait passer de la terre au ciel; un rien, un atome, une feuille d'arbre.... un *beau chêne*....

Elle appuya si fortement sur ces deux derniers mots, que le jeune époux frappa son front de l'air d'un homme qui a deviné le mot d'une énigme inquiétante.

— Ah! nous y voilà! s'écria-t-il; un *beau chêne!*...

— Oui, cher Edward, poursuivit lady Klerbbs en prenant les mains de son mari, cette petite histoire renferme une grande moralité amoureuse. On se tromperait fort si on croyait que la jalousie ne s'exerce que contre des êtres animés, en rivalité d'intrigues. Une femme qui aime bien est jalouse de toutes les admirations prodiguées çà et là par l'homme aimé.

— Même jalouse d'un chêne? dit Edward.

— Sans doute, monsieur..... Maintenant, cher Edward, je t'avoue que je serais jalouse, moi, des voyages. En t'écoutant raconter les tiens, je sens qu'il me serait impossible de voyager avec toi, car tu ferais, à mon côté, une trop longue dépense d'admiration qui serait un vol continuel commis à mon préjudice. Cela reconnu, nous ne parlerons plus de voyages et nous ne voyagerons pas. Edward, celui qui voyage critique sa maison.

— Dieu me garde de critiquer la mienne!

— dit Edward en serrant les mains d'Octavie.

— On a si peu de temps pour aimer, — dit Octavie avec un soupir, — si peu de temps! Perdons-en le moins possible, Edward.

— N'en perdons point du tout, chère Octavie; c'est autant de gagné sur la mort.

Sir Edward et lady Klerbbs ont tenu leurs promesses trois ans; c'est beaucoup. Nous les retrouverons un jour peut-être, quand le chemin de fer de Bombay à Madras sera terminé.

FIN DE LA GUERRE DU NIZAM.

LA SEMIRAMIDE.

Après une représentation des *Puritains*, au *King's-Theatre*, à Londres, en juillet 1838, je sortis avec le célèbre artiste L*** pour respirer un peu de fraîcheur dans *Portland-Place*. La journée avait été brûlante et la soirée aussi. Minuit sonnait à Saint-Martin.

Nous entrâmes au parc Saint-James; il y avait beaucoup de monde, mais de ce monde nocturne et fantasque inconnu du soleil. La grande pièce d'eau étincelait de la double lumière de la lune et du gaz. C'était, sous les arbres, une espèce de jour d'un violet clair, comme celui qu'on fait au théâtre avec des verres de couleur. Des Anglais péripatéticiens lisaient les journaux de la nuit, assis sur des banquettes; des sentinelles gardaient je ne sais quoi sur l'escalier de *Carlton-House;* des ombres blanches de femmes erraient dans les allées comme des tourbillons d'âmes élyséennes au bord du Styx; personne ne parlait dans ce monde vagabond et étrange. On eût dit que tous les somnambules de Londres étaient venus faire leurs exercices de nuit sous les arbres de ce beau jardin.

On sait que L*** est un des premiers artistes de l'Europe, mais ses amis savent qu'il est aussi le causeur et le conteur le plus brillant et le plus gracieux qu'on puisse entendre. L*** a beaucoup voyagé, beaucoup lu, beaucoup observé. Sa mémoire est pleine de délicieuses histoires, son esprit est plein d'idées. On l'écoute avec autant de charme qu'on lit un beau livre. C'est surtout dans ces heures tranquilles où les entretiens ont tant d'attrait que j'aimais à écouter le grand artiste, soit qu'il me parlât de Naples, en entremêlant ses récits de quelque cantilène de Chiaïa, soit qu'il me parlât de sa vie d'Angleterre, toute pleine de triomphes, passant ainsi du Midi au Nord, du soleil à la brume, tantôt lazzarone, tantôt philosophe, toujours spirituel et éminemment observateur.

Cette nuit-là, il s'abandonna de verve à cette causerie intime qu'inspire une fraîche promenade d'été. Il me raconta une simple histoire que j'aurais voulu écrire sous sa dictée et peindre avec des couleurs de palette plutôt qu'avec des phrases d'historien, parce que jamais ce papier froid et mort, ces signes conventionnels qui représentent des idées et des sensations, jamais ces plats hiéroglyphes de l'alphabet, enveloppés d'une feuille blanche comme d'un linceul, ne pourront remplacer la voix, les gestes, l'organe passionné, les modulations harmonieuses d'un narrateur éloquent. Il faudrait que chaque ligne de mon livre fût notée comme un *libretto* d'opéra et que le lecteur pût entendre ces récits tels qu'ils ont été chantés par un poëte artiste; il faudrait que chaque page fût illustrée d'une de ces belles gravures anglaises où le burin colore comme le pinceau, afin que cette histoire conservât encore dans le sépulcre du livre un peu de ces parfums que les fleurs, les arbres, le gazon, nous versaient avec les tièdes rayons de la lune, dans cette nuit de mélodie et d'amour. Telle enfin que mes souvenirs me la rendront, je veux essayer de la redire, cette histoire; je n'y changerai que quelques noms, parce que mes personnages ne sont pas des héros de roman.

J'écoutais encore le récit du grand artiste, et l'aube d'été blanchissait déjà la statue du duc d'York sur sa colonne et les tours de Westminster aux extrémités opposées du parc. Le soleil montait à l'horizon quand cette histoire fut terminée. Je croyais sortir d'un rêve; il me semblait que je m'étais endormi sur la grande pelouse devant *Carlton-Terrace* et que je me réveillais, la tête remplie d'un nouveau monde d'idées, où le gracieux murmure de la mer, au golfe de Naples, chantait un trio avec la vague polaire de l'Océan et la rivière de Mersey, sur les grèves brumeuses de Liverpool. Une nuit de veille ainsi occupée donne à l'esprit l'incohérence de la folie. Cette brusque interruption de nos habitudes bouleverse le cerveau; tout prend un air étrange au premier rayon du soleil, mais plus étrange encore si l'on se trouve en pays lointain et entouré de monuments qui servent pour la première fois de cadre à nos rêveries. Après avoir quitté le grand artiste qui m'avait conté cette histoire, je le suivis longtemps des yeux dans *Regent's-Street*, et je le vis disparaître dans la colonnade fantastique du *Quadrant*, où était sa demeure. Resté seul avec mon rêve, je rentrai dans ma maison de *King-William-Street*, pour payer au sommeil l'arriéré de la nuit. A mon lever de midi, je courus au parc Saint-James, que le soleil éclairait à travers une gaze de brume qui jaunissait ses rayons. Je m'assis sur une banquette et j'écrivis, dans toute la fraîcheur de mes souvenirs, les premiers chapitres de cette histoire, comme on écrirait un rêve sous les premières impressions du réveil.

Il y a cinq ou six ans (la date exacte importe peu), deux jeunes gens causaient, après souper, dans une chambre de l'*Osteria Nuova*, à Chiaïa, à Naples. L'un, âgé de vingt-cinq ans, se nommait Patrick O*** : c'était un Irlandais voué à l'état ecclésiastique; son costume était sévère comme sa figure. Il avait des cheveux d'un blond ardent comme de l'or en fusion : ses traits, d'une irrégularité mâle, gardaient cette pâleur nerveuse qui ne vient pas des souffrances du corps, mais des inquiétudes de l'âme. Sur ce fond mat d'une figure tourmentée luisaient deux yeux noirs et orageux comme des nuages remplis d'éclairs. La contraction du sourire semblait avoir été oubliée dans le mécanisme de ce visage, qui exprimait tout et à tout instant, excepté le plaisir. L'autre jeune homme était à peu près du même âge : il avait une belle figure brune et des cheveux vagabonds d'un noir d'Érèbe. C'était le contessino Lorenzo C***, légataire à vingt ans d'une fortune immense qu'il prodiguait sans l'épuiser. L'opulence rayonnait sur toute sa personne; il étalait avec un orgueilleux dédain une pléiade de diamants à ses doigts annulaires, et la constellation complète d'Orion, en rubis balais, sur son jabot de batiste, toujours prêt à jeter ses étoiles à un ami, à une femme, à un saltimbanque, à un indigent.

L'arrivée d'un domestique suspendit la

conversation des deux jeunes gens. On venait leur annoncer que le vaisseau l'*Erinn* allait mettre à la voile et qu'on n'attendait plus qu'un passager.

Ce passager était Patrick.

Ils se levèrent vivement et se dirigèrent vers le môle. Patrick, un pied sur la terre et l'autre dans le canot, fit ainsi ses adieux à son ami :

— J'ai quitté Rome sans regret; j'y serais devenu sceptique et j'y aurais exercé, à l'exemple de tant d'autres, un sacerdoce d'habitude comme on fait un métier. J'aime mieux être prêtre dans quelque bourg catholique de mon Irlande. Je prendrai les ordres à Dublin, à la première ordination. Adieu, mon cher Lorenzo; nous nous reverrons quand Dieu le voudra.

— Patrick, répondit le jeune Italien, dans quelque position que le ciel te réserve, si jamais mon amitié peut te rendre un service, songe à moi, et ne songe à personne qu'à moi.

Ils se serrèrent énergiquement les mains, et le canot partit.

L'*Erinn* mit à la voile et cingla vers la haute mer. Patrick contempla longtemps, accoudé sur la dunette, le doux rivage de Naples, et descendit, à l'entrée de la nuit, dans l'entrepont pour se reposer. La mer était agitée, le vent contraire. Patrick prit le parti de s'endormir, pour laisser passer le mauvais temps sans être incommodé par la mer.

A son réveil, il fut bien étonné d'apprendre que l'*Erinn*, n'ayant pu tenir la mer, était rentré à Naples, et que les passagers avaient la faculté de descendre à terre. Il était alors huit heures du soir.

Patrick usa de la permission avec empressement. Il courut à l'hôtellerie, dans l'espoir d'y trouver Lorenzo; mais le jeune homme était sorti. Le garçon d'auberge dit à Patrick que son ami avait pris la direction de San-Carlo, et que, fort probablement, il était à l'Opéra.

On jouait, ce soir-là, *Semiramide*.

Patrick hésita quelques instants par scrupule; puis, se souvenant des facilités profanes que le clergé italien se donne volontiers à l'endroit du théâtre, il courut à San-Carlo, prit un billet de parterre et entra. Patrick avait toujours vécu loin des plaisirs et des spectacles mondains. C'était la première fois qu'il se mêlait à une foule dans une salle de théâtre.

San-Carlo retentissait d'instruments et de voix. On aurait dit que l'harmonieuse salle chantait avec toutes ses loges, car les sons de la scène et de l'orchestre, ne trouvant aucun obstacle dans l'ellipse immense, la remplissaient toute, comme un ouragan de mélodie élancé du golfe de Baïa. On était arrivé à la scène du serment et du trône. Le roi des Indes, le pontife, Arsace, les Syriens, le peuple, les Mages, juraient fidélité à la reine de Babylone dans une langue d'amour inouïe, et Sémiramis, du haut de son trône, versait à pleine voix, sur tout ce monde en délire, des torrents de notes mélodieuses comme des perles prodiguées à l'infini. Le chant du cor, tout rempli d'une volupté langoureuse, s'élevait par-dessus toutes ces voix, comme l'écho de l'Euphrate, dans une nuit d'Orient, roule des soupirs ineffables qui montent au sommet de Babel. Le puissant amour, fils des siècles antiques, embrasait le théâtre et semblait avoir enfin trouvé une langue merveilleuse, oubliée dans Babel, pour réveiller un sens inconnu et exciter la terre à des folies sans nom, telles que les anges en accomplirent avec les filles des hommes aux époques antédiluviennes, quand le monde trembla sous les hyménées des géants. Auprès de cette harmonie inconnue, chantée par des voix et des cuivres surhumains, toute parole ressemblait au bégaiement de l'enfance ou au vagissement du berceau. C'était comme la révélation de ces hymnes mystérieux qui éclataient, la nuit, dans les profondeurs des pyramides babyloniennes ou dans les chapelles souterraines d'Isis; c'était un écho de ce vent iduméen qui soufflait une volupté sanglante et fatale sur les villes maudites, et *changeait la forme des montagnes* dans une nuit de désolation; et toutes ces voix, ces chants, ces stridents accords du cuivre et de la corde, ces élancements de notes sublimes, cette éruption de mélodie incréée, toute cette furie d'amour semblait éclater, par un prodige des mages, sous les pieds divins d'une femme belle comme le soleil d'Orient, embaumée comme l'Arabie Heureuse, vêtue de pourpre et d'or comme les reines d'Ophir et de Saba.

Le jeune ecclésiastique irlandais qui venait d'entrer à San-Carlo pour y chercher un ami oublia cet ami, s'oublia lui-même, et s'arrêta, debout, la main droite incrustée sur la première banquette, immobile comme une statue, sous le saisissement de cette foudroyante révélation. Son âme, subitement envahie par le démon de ces voluptés extérieures, fut vaincue avant la lutte, ainsi qu'il arrive au soldat imprudent qui passe désarmé sur les limites de l'ennemi et succombe avant d'avoir reconnu son erreur. Patrick garda sa position extatique jusqu'à la chute du rideau. Il vit et entendit ce rêve immense que Rossini nous apporta des lagunes de Venise lorsqu'il s'endormit dans la cité mystérieuse, ce sublime évocateur du passé. Le jeune Irlandais, fils de cette terre virginale qui assiste à l'éternelle symphonie de l'océan et des montagnes, avait une de ces intelligences d'élite qui s'initient du premier coup au secret des grandes créations; il passait, sans transition, des innocentes harmonies de Palestrina à la furie musicale de la *Semiramide*, de la cascade de Terni à la cataracte de Niagara. Il n'eut pas même le temps d'appeler son ange gardien à son secours, afin d'obtenir la grâce d'une pensée pieuse, dans ce déluge de pensées profanes qui pleuvaient dans son cœur. Il fut emporté violemment à travers les cris de cette Babylone ressuscitée pour embrasser Balthazar et repousser Daniel. Tout fut saisi au vol, et recueilli par lui, et deviné d'inspiration dans cette fatale soirée; son oreille son esprit et son cœur, s'associèrent pour le servir et le faire marcher, sans rien laisser en arrière, à la conquête spontanée de l'inconnu. Mais peut-être encore cette musique, ces voix, ces chœurs, cette pompe, se seraient évanouis avec les ombres de la nuit, si toute cette séduction théâtrale ne s'était pas incarnée dans le corps d'une femme. Désormais, pour Patrick, ce long ravissement d'artiste était inséparable de la cantatrice superbe et rayonnante comme la Sémiramis dont elle portait le nom.

Depuis les jours antiques où les cirques et les amphithéâtres versaient par les vomitoires un monde de spectateurs rassasiés d'un spectacle prodigieux, on n'avait pas vu, en Italie, pareille foule, le soir de cette représentation de *Semiramide*. La place publique et les rues avoisinant *Villa-Reale* étaient encombrées à la sortie du théâtre ; si bien que Patrick fut roulé comme un brin d'herbe dans une mer orageuse et emporté bien loin de son hôtellerie de Chiaïa. Au reste, cette foule qui faisait ainsi violence au jeune Irlandais lui était favorable en ce moment, car elle lui donnait un étourdissement qu'il aurait voulu prolonger à l'infini, ne voyant rien de plus redoutable que le calme et la solitude après cette agitation secourable qui ondoyait autour de lui; mais aucune tempête n'est plus vite apaisée qu'une tempête de foule après un spectacle. Minuit sonne sur le silence et le désert, et de tout ce fracas de multitude folle il ne reste que les sons lents tombés des clochers voisins, symphonie monotone comme le chant qui invite au sommeil. Bientôt, de tout ce monde agité, Patrick seul était debout et veillant. Marchant au hasard, il était arrivé sur les rives du golfe, et là, comme brisé par la fatigue d'un long voyage, il s'assit sur une pierre, et, médecin de lui-même, il se recueillit pour examiner sa blessure intérieure et lui porter un remède immédiat, sans attendre le lendemain.

Patrick était seul en réalité, mais une ombre l'avait suivi, une ombre plus terrible que celle de Ninus!

C'était pour Patrick qu'un poëte italien avait fait cette strophe :

A Saint-Charles, cirque où l'on chante
Sous un ciel tiède, au bord de l'eau,
Quand expire la voix touchante
Du jeune Arsace ou d'Othello;
Quittant Venise ou Babylone,
On va rêver sous la colonne
Près de la mer que nous aimons;
Et, comme une ouverture immense,
L'opéra fini recommence
Chanté par la mer et les monts.

Hélas! elle recommençait pour Patrick, cette soirée d'enivrement, de mystère, d'émotion inconnue, de formidable volupté. Le spectre de Babylone se dressait dans les vapeurs diaphanes de la nuit, sur les flancs de cette montagne qui, elle aussi, a brûlé des villes coupables ensevelies à ses pieds. Le vent nocturne, qu'un démon embaume de tous les parfums de Vénus Aphrodite, soufflait de l'archipel napolitain, dont les îles sont des cassolettes toujours fumantes; et cette langueur mystérieuse, qui descendait de partout et conseillait l'adultère, semblait donner un démenti au roi psalmiste, qui, la nuit, demandait à Dieu de le sauver de la flèche volante dans le jour et de l'obsession irrésistible du démon de midi. Patrick était percé de la flèche qui vole à la lueur des constellations de minuit. Arrivé au délire de la pensée, il se persuada que tout ce qu'il avait vu à San-Carlo n'était qu'une vision de l'enfer, un verre d'optique placé par le démon devant ses yeux; que le monde n'avait pas assez de pouvoir en ses mains pour créer de pareilles réalités de séduction; que, parmi toutes les filles des hommes, il n'y avait pas une femme comme la puissante artiste, reine à San-Carlo; que le démon androgyne de la volupté, nommé Astarté dans les lieux profonds et maudits, avait pris un corps humain pour séduire un pauvre chrétien et l'arracher au service des autels.

Patrick fit un signe de croix, et il lui sembla qu'autour de lui toutes les formes se faisaient douces et riantes, et que des anges descendus sur cette terre la purifiaient des émanations infernales de la nuit. Plus tranquille après une courte prière, il appuya sa tête sur un oreiller d'algues sèches et il s'endormit.

II

Le soleil de printemps était levé depuis quelques heures, lorsque le jeune ecclésiastique irlandais se réveilla. Habitué dès son enfance à dormir aux étoiles dans les montagnes de Wicklow, il avait eu pour son repos une nuit aussi bonne qu'à l'hôtellerie de Chiaïa. A genoux sur la pierre du rivage, il fit sa prière du matin dans le plus magnifique oratoire que Dieu ait donné à l'homme pour recevoir ses hommages; et, trempant ses mains dans le golfe comme dans la conque d'un bénitier naturel, il oignit son front de cette eau sainte qui remonte aux réservoirs du ciel.

Un souvenir vaporeux comme la gaze d'un songe reporta l'Irlandais vers les images sensuelles de la veille, et le jeune chrétien s'indigna de sa faiblesse et fit un énergique appel à ses devoirs pour arracher de son cœur le dernier atome de cette lie impure qu'avait déposée en lui la coupe d'un démon. Les heures matinales sont pieuses : elles prédisposent l'âme à de bonnes résolutions, à de saintes pensées. Patrick écouta dévotement les voix qui parlaient autour de lui sur le golfe, la ville et les montagnes. C'était partout un hymne chaste entonné à la création. Il donna le sourire calme des élus à cette nature tranquille, pleine de son Créateur, et il s'achemina rapidement vers le port, avec l'espoir de prendre son vol vers la douce Irlande, à la faveur de cette sérénité du ciel qui réjouissait les mariniers.

« Oh! quand je te reverrai, se disait-il mentalement, vieille église de mon saint patron, vénérable métropole de Dublin, je me précipiterai à l'ombre de tes deux nefs, comme la jeune colombe sous les ailes de sa mère, et je ne craindrai plus rien de ce monde infâme et tentateur! »

Comme il arrivait sur le môle, il vit venir à lui un domestique de Lorenzo qui le salua et lui dit :

— Mon maître vous fait chercher partout depuis le lever du soleil; il a envoyé des cavaliers sur toutes les routes de Naples; maintenant il n'est plus temps; l'*Erinn* a mis à la voile et il est déjà bien loin.

Et le domestique montrait du doigt la place vide où l'*Erinn* était amarré.

Patrick fit un mouvement nerveux, leva les yeux au ciel et soupira.

Le domestique croisa les bras et regarda le port. Il avait rempli sa mission.

Après une longue pause, Patrick, qui ne savait à quelle résolution s'arrêter, fit cette question au domestique :

— Où est ton maître?

— Mon maître, répondit celui-ci, n'est plus à la *locanda* de la *Victoire*; il est à la villa de Sorrente, et il m'a chargé de vous y conduire, si c'est le bon plaisir de votre seigneurie. Voilà votre canot, là, tout prêt avec quatre rameurs.

— Eh! s'écria Patrick, pourquoi ne parlais-tu pas d'abord de ton canot; vite, vite, en mer! Il y a une bonne brise; vite, vite, à la voile et à la rame! Nous atteindrons l'*Erinn*.

Et entraînant avec lui le domestique, il s'élança dans le canot et délia lui-même les cordes de la voile roulée à l'antenne.

Le canot partit comme la flèche, et le visage de Patrick rayonna.

— Croyez-vous, dit Patrick au marinier du timon, qu'en allant de cette vitesse nous pourrons atteindre l'*Erinn?*

— Atteindre l'*Erinn!* répondit le timonier avec un éclat de rire goguenard; si vous étiez oiseau, vous ne l'atteindriez pas. Ce n'est pas un bâtiment sicilien, celui-là, c'est un anglais. Comprenez-vous? c'est un anglais : le vent ne l'atteindrait pas.

— Essayez toujours, dit Patrick.

— Oh! nous pouvons faire une promenade, dit le marinier en riant; vous prendrez l'appétit en mer.

Lorsque l'horizon se fut dévoilé dans toute son immensité, Patrick le mesura d'un œil mélancolique, et il n'aperçut aux limites de la mer que quelques petites voiles latines d'une blancheur éblouissante. C'étaient des bateaux de pêcheurs. L'*Erinn* avait disparu.

— Allons-nous à villa Sorrentina? demanda le timonier.

— Allons! répondit Patrick d'une voix désespérée.

Et se laissant tomber sur un banc, il garda un morne silence jusqu'à l'arrivée.

Là, rien ne put le distraire des réflexions pénibles qui l'accablaient en foule : ni la petite baie riante qui servait de débarcadère à la villa Sorrentina, ni les touffes d'orangers suspendues sur une eau calme qui réfléchissait l'or des fruits et l'argent des fleurs, ni l'aspect enchanté de la villa endormie dans les pins, les arbres de Judée, les palmiers et les acacias. Le milieu du jour l'eût trouvé peut-être encore dans cette attitude de désespoir, si la voix d'un ami ne l'eût réveillé comme en sursaut au milieu d'un pénible songe.

—Eh bien! Patrick, s'écria Lorenzo avec une voix joyeuse, tu relâches à Sorrente en allant à Dublin?

Patrick se secoua vivement et s'improvisa

une assurance par nécessité. Il sauta légèrement sur la rive, serra les mains de Lorenzo, et fit une pantomime qui pouvait signifier :

« Me voilà; je suis résigné à ce contretemps. »

— Je suis enchanté, moi, de ce contretemps, dit Lorenzo; j'étais vraiment désolé de n'avoir pu te faire les honneurs de ma charmante villa. Regarde, mon ami; cela vaut bien la baie de Kingstown et le Kippure, n'est-ce pas?

— Cela est beau, dit Patrick, mais cela n'est jamais la patrie.

— Mon ami, souviens-toi de ce que je te disais, quand nous étudiions la philosophie au séminaire de la *Propagande :* il n'y a pas de patrie sans orangers. Cet arbre essaie le climat et semble vous dire : Tu peux vivre ici, car j'y suis.

— Lorenzo, après quatre ans d'exil, je

t'avoue que les forces me manquent, si je ne vois pas mon Érinne avant la fin du printemps.

— Enfant! tu la reverras, ton Érinne! mais tu te reposeras un instant ici en passant. Comme j'ai repris ma gaieté rien qu'en te revoyant! J'étais si triste hier soir, à mon arrivée de Rome à Naples! Et moi aussi, je suis exilé; moi, né à Sinigaglia, sur le bord de la triste Adriatique! Mais j'adopte Naples et Sorrente, deux charmantes filles qui valent mieux que Sinigaglia. Ah çà! dis-moi, où as-tu passé la nuit, si je puis te faire pareille demande sans indiscrétion?

—La nuit! dit Patrick s'efforçant de sourire; j'ai passé la nuit sur le bord de la mer.... pour ne pas manquer le bâtiment.

—A merveille! la précaution était bonne... Et le bâtiment est parti sans toi? J'admire tes distractions..... Et ton bagage? L'*Erinn* emporte ton bagage en Irlande?

Patrick fit un signe affirmatif.

— Tu n'as gardé que ce très-modeste habit de voyage... N'importe! je t'habillerai plus décemment.

— Et pourquoi?

— Voici. J'ai du monde à la villa.... Cela t'étonne?... Oui, je donne à dîner.... à des amis.... des artistes.

— Il y a des femmes? dit Patrick reculant d'un pas.

— Des femmes! non.... non. Quelle peur des femmes! Sois tranquille.... il y en aura une peut-être.... une.... mais ne t'effraie pas ainsi.... ce n'est pas une femme....

— Et qu'est-ce donc?

— Tu verras, nous serons gais, nous chanterons le *Dies iræ* de Pergolèse.... nous boirons du champagne.... c'est un petit dîner que j'ai improvisé, hier soir, dans les coulisses de San-Carlo, avec d'anciennes connaissances... Ne t'effarouche pas ainsi... Est-ce que tu n'es pas tolérant, depuis ce matin? Que veux-tu? moi, je suis un mondain et un mauvais sujet, comme un échappé du froc... Aussi, pourquoi mon oncle est-il mort?... je serais diacre comme toi et bon chrétien comme toi. Un héritage et Naples m'ont perdu. Ote Naples et les héritages de ce monde, et je dis la messe à Saint-Jean-de-Latran. Naples, vois-tu, c'est le démon, et le Vésuve, c'est l'enfer. Voici le paradis terrestre. C'est dans ma villa qu'Ève a tenté Adam.

— Quel langage me tiens-tu là? dit Patrick avec ce ton moitié sévère, moitié amical, que prend un ecclésiastique qui sait compatir aux faiblesses humaines. Vraiment, Lorenzino, tu me scandaliserais, si je n'étais si fort de la grâce de Dieu. Écoute-moi, je n'accepte pas ton dîner, tu me donneras un appartement solitaire, je m'y cloîterrai tout le jour; et si vous faites vos saturnales du côté du nord, donne-moi une chambre du côté du midi. Je prierai pour vous tous.

— Écoute-moi, Patrick, nous sommes seuls encore; ma flottille de canots chargés de convives n'arrivera que dans une heure. Tu as le temps de recevoir ma confession. Je t'ai trouvé hier à la *locanda* de la *Victoire*, en arrivant de Rome; depuis un an, je ne t'avais pas vu. Bien des choses arrivent dans un an! Le sage devient fou. Il n'a fallu qu'une minute au saint roi David pour voir Bethsabé au bain et pour aimer la femme d'Urie. Je n'ai pas la prétention d'être aussi expéditif dans mes passions. Il me faut un an pour me corrompre. Que diable! l'homme n'est pas parfait. J'ai donc quitté Rome après Pâques pour tomber à Naples, hier, à l'ouverture de San-Carlo. On jouait la *Semiramide*; je suis fou de cet opéra. Si l'on ne joue pas la *Semiramide* au paradis, je refuse la porte à saint Pierre. Tout cela est, de l'hébreu pour toi, mon cher ami, mais je suis obligé de te parler hébreu. J'ai une idée dominante dans le cerveau, et je la jetterais à cet arbre s'il me manquait un auditeur. Patrick, récite un *Miserere* à mon intention : je suis amoureux.

— Je ne vois pas de mal à cela, mon fils : l'amour est permis à l'homme, l'amour chrétien. Jésus-Christ a institué le mariage.

— Je respecte infiniment le mariage, mon cher catéchiste, mais je le cultive peu. Le mariage est une chose si sacrée, que je me tiens à distance par respect.

— Si c'est une passion mondaine que tu as au cœur, Lorenzo, il faut demander à Dieu la grâce de la combattre.

— Écoute, mon cher abbé, nous avons passé trois années ensemble au séminaire, tu t'en souviens? J'ai entendu donc trois fois trois cent soixante-cinq discours dans le genre de ceux que tu me fais. Il me semble que c'est suffisant.

— Eh! qu'attends-tu de moi? Crois-tu que je vais oublier mon ministère pour te donner des conseils impies? Si tu persistes dans tes égarements, je me tairai et je ferai à Dieu une sainte violence pour qu'il t'éclaire dans ta nuit et te conduise au chemin de la paix.

— Merci!

— Tu te fais plus libertin que tu ne l'es, mon pauvre Lorenzo!...

— Oh! laissons les sermons à la chaire de Saint-Janvier.

— Comme tu voudras.

— Patrick, donne-moi ton secret; comment diable fais-tu pour être saint?

— Lorenzo, je ne suis qu'un pécheur; le juste pèche sept fois par jour.

— Il est bien heureux, ce juste-là!

— Lorenzo, laisse-moi partir; ma présence ici gênera ta société, qui ne me paraît pas fort dévote, si j'en juge par toi.

— Tu resteras! tu resteras! Partir! y songes-tu? Sais-tu bien ce que tu perdrais en partant? Je veux que tu dises, à Dublin, que tu as dîné.... devine....

— Avec?...

Et Patrick trembla.

— Avec notre grand Rossini, l'auteur de la *Semiramide!*.... Eh bien! reconnais le pouvoir d'un nom, mon cher Patrick..... te voilà tout bouleversé! tu es pâle d'émotion... Ah! c'est que tu es artiste, toi, à ton insu. N'est-ce pas toi qui nous a mis en musique, au Vatican, les lamentations de Jérémie? Je me souviens que ton *Aleph* me donnait des frissons. Tu es un grand musicien, te dis-je, parole d'honneur!... Voyons, as-tu le courage de partir, maintenant?

— L'auteur de la *Semiramide* ne peut être qu'un démon.

Patrick roula des yeux sinistres et Lorenzo poussa un grand éclat de rire. Quand le rire fut calmé, il dit à Patrick en l'entraînant vers la maison :

— Si Rossini est un démon, tu feras le signe de la croix à table et il disparaîtra. Nous dînerons plus à l'aise avec un convive de moins.

— Lorenzo, tout bien réfléchi, je reste.

— J'ai deviné. Tu veux voir Rossini?

— Oui.

— Tu le verras. C'est un bon enfant, et pas plus démon que musicien! un farceur qui rit toujours, qui raconte un tas d'historiettes à mourir de rire, et qui déteste les gens sérieux.

— L'auteur de *Semiramide?*

— Eh oui! l'auteur de *Semiramide,* qui mange admirablement et ne parle jamais musique; le meilleur vivant que l'Italie ait nourri de macaroni. Tu vas le voir dans un instant, ce beau démon! va t'habiller. Tiens, voilà ma clef. Ce domestique t'indiquera mon vestiaire. Tu choisiras dans les nuances, brunes ou gaies. Tous mes habits sortent de l'atelier du monte Citorio; c'est élégant au dernier point. Va, je t'attends; notre flottille ne peut pas tarder.

« Au fond, se dit à lui-même Patrick en montant au vestiaire, au fond, je ne transgresse aucune loi canonique. Il n'est pas défendu à un sous-diacre de voir Rossini. Qui sait même si Dieu ne m'as pas destiné à le convertir!... »

III

Tous les artistes du théâtre de San-Carlo, chanteurs, choristes et musiciens, garnissent le rivage de la mer, sous la villa Sorrentina. Lorenzo, en habit de gala, est à leur tête, tout prêt à leur donner un ordre que les artistes semblent attendre avec impatience. A côté de Lorenzo, Patrick se fait remarquer par sa contenance équivoque et un costume accusé d'emprunt par la gaucherie avec laquelle il est porté.

On voit à un mille de distance la flottille des canots attendus. Elle est superbement pavoisée aux couleurs de Naples et Sicile; elle vole sur la surface de l'eau avec l'agilité d'une troupe de goëlands. Encore quelques élans des rameurs, et la colonie est arrivée.

Patrick se pencha mystérieusement à l'oreille de Lorenzo et lui dit d'une voix émue :

— Ou mes yeux me trompent ou quelque chose d'affreux se prépare ! Il y a une femme dans le premier canot.

— Je te dis que ce n'est point une femme, dit Lorenzo l'œil en feu; c'est un ange, une divinité, un miracle vivant, un phénomène qui parle, chante et rit, une vision, un songe palpable, un démon du paradis. Mais ce n'est point une femme, Patrick.

Et il donna un signal aux choristes et aux musiciens.

Aussitôt les oiseaux cessèrent de chanter dans les acacias et la mer fit silence. Le chœur de *Semiramide* : *Fra tanti regi e popoli*, attaqué d'abord par une seule voix de basse, puis répété par la foule, éclata en plein air, libre et joyeux, délivré des coulisses de carton peint et d'un soleil à l'huile, répandant au loin sur la colline, les bois, la mer, un enchantement divin. On aurait dit que les notes rossiniennes, élancées vers le ciel, retombaient en pluie de gouttes d'or sur des lames de cristal, et que toute la campagne se faisait harmonieuse pour saluer le créateur de la *Semiramide*.

Patrick invoquait son patron et désespérait de la grâce. La flottille abordait au rivage. Le chœur chantait toujours.

On entendit un long et mélodieux éclat de rire, un éclat de rire admirablement chanté comme un *concerto* de violoncelle, et une jeune femme s'écria :

— Très-bien! très-bien! mes amis, superbe! Seigneur Lorenzo, jamais la reine de

Babylone n'a été reçue avec cette pompe! N'est-ce pas, mon cher *maestro*, qu'on ne chantait pas aussi bien à Babylone, vous qui avez vécu de ce temps-là?... A mon tour.

Et la femme, jetant aux branches d'un oranger son léger chapeau de paille et laissant tomber sur son cou ses beaux cheveux noirs, entonna le *Fra tanti regi* comme à San-Carlo. Rossini cueillit une orange et la mangea.

A la fin du chœur et de la scène, Patrick dit à Lorenzo :

— Ce lieu n'est pas bon pour moi, je vais me jeter dans un canot et rentrer à Naples.

Et il allongeait le pied déjà, lorsque Rossini l'aborda joyeusement et lui dit en lui serrant la main :

— Où allez-vous donc, jeune homme? vous nous quittez?

Patrick rougit et balbutia quelques paroles décousues.

— Moi, je ne vous quitte pas, dit Rossini. Allons, mon enfant, vous êtes trop timide, prenez mon bras et *andiamo a cantina*, j'ai faim..... N'est-ce pas, seigneur Lorenzo, que l'absinthe du golfe de Baïa vaut mieux que celle du café Anglais? Oh! le seigneur Lorenzo est sourd, il s'est emparé de la *diva!*

Patrick, entraîné par Rossini vers la table du festin, ressemblait à un cadavre attaché à un corps vivant. Il ne sortit de son évanouissement moral que sur son fauteuil de convive et à la voix de Rossini, qui s'extasiait sur l'ordonnance du repas.

Le jeune Irlandais donna un coup d'œil rapide autour de lui et il faillit succomber, cette fois, à son émotion, en se trouvant placé en face de Lorenzo et de la redoutable femme de San-Carlo. Il ne distingua que confusément les cinquante personnes qui couronnaient la table; cette foule était comme perdue dans les rayons de Sémiramis. Le voisin de droite, Rossini, restait seulement visible pour Patrick.

Le silence est ordinairement l'ouverture à la sourdine de tout festin d'artistes, mais, la première faim assouvie, un *tutti* de voix éclata avec plus ou moins d'accord. A la faveur du fracas du second service, Patrick reprit insensiblement ses facultés physiques et morales, et il se recueillit même pour tourner un compliment à ce grand Rossini, son voisin, qui avait eu pour lui tant d'affectueuse politesse sans qu'il le méritât. Raffermissant sa voix avec un verre de *lacrima-Christi*, Patrick se tourna vers le *maestro*, et, s'inclinant sur son assiette, il dit pompeusement :

— Cygne de Pézaro....

Rossini l'arrêta brusquement en agitant sa fourchette comme un sceptre.

— Je sais cela, je sais cela, mon cher!....

— Harmonieux fils de l'Ausonie, continua Patrick.

— Oui, oui, touchez-moi la main, mon brave jeune homme, et laissons les cygnes et l'Ausonie en repos. Voulez-vous que je vous apprenne à faire une bonne sauce à votre filet? C'est bien simple. Coupez une tranche de limon, exprimez le jus dans de la poudre de piment d'Espagne et de bon carick de Java; délayez le tout dans un anchois fondu à l'huile, et vous m'en direz des nouvelles : cette recette vient de M. de Cussi. Inclinez-vous devant ce grand nom.

Rossini s'aperçut qu'il avait offensé Patrick, et, se penchant à son oreille, il lui dit :

— Est-ce que l'accueil que je vous ai fait ce matin ne vous a pas étonné?

— Quel accueil m'avez-vous fait? demanda Patrick avec cette dignité que prend subitement un homme fier qui croit avoir reçu une offense.

— Je vous ai abordé comme un ami de vingt ans.

— Un instant je m'en suis enorgueilli. Vous ne me connaissiez pas.

— Je vous connaissais! je vous connaissais! dit Rossini avec une émotion qu'il s'efforçait de déguiser.

— Et où m'avez-vous vu? demanda Patrick d'un ton d'inquiétude.

— Hier soir, dit Rossini à voix très-basse, je cherchais un homme avec la lanterne de Diogène, à San-Carlo, et je vous ai vu.

— Moi? dit Patrick pâlissant.

— Chut!... Oui, vous; j'ai gardé votre visage toute la nuit, là, dans le front. Vous étiez superbe. J'ai fait *Semiramide* pour vous et pour moi... Maintenant, brisons là. Buvez un verre de champagne avec moi.

Puis, apostrophant Lorenzo :

— Seigneur Lorenzo, avez-vous dîné quelquefois chez Biffi, rue Richelieu?

— Souvent, seigneur *maestro*.

— On y fait bien les *ravioli*. Savez-vous, Maria, le meilleur faiseur de ravioli à Naples?

— Non, répondit Maria.

Si Rossini eût noté ce *non*, il ne l'eût pas fait plus harmonieux à l'oreille.

— Maria, poursuivit Rossini, envoyez tous les jours à midi, au coup de l'*Angelus*, votre domestique au traiteur du *Violon d'Apollon*, vis-à-vis Saint-Philippe de Néri. Ravioli première qualité.

Et Rossini continuait à remplir le verre de Patrick. Le jeune Irlandais, sobre de profession et de pays, buvait imprudemment, par politesse et par distraction, tout ce que lui versait le créateur de la *Semiramide*.

Au dessert, l'exaltation bouillonnait dans sa poitrine, et la moindre cause devait la faire éclater au dehors.

La conversation qui venait de s'établir n'était nullement du goût de Patrick. Il s'attendait à un entretien merveilleux et relevé, que devait faire naître naturellement la présence de Rossini et de la célèbre cantatrice. Au lieu de cela, il assistait à une dissertation sur les *ravioli*, la *pasta-frolla*, les *pickles*, la cuisine de Biffi. Et ensuite, si de la cuisine on daignait s'élever à l'art musical, c'était alors une discussion furieuse sur les airs en *ut*, en *fa*, en *ré*, sur les *strette*, les *scherze*, les *cabalette*, les *accords de tierce*, les *andante*, les *allegro*, les *adagio*, les *majeurs*, les *mineurs*, les *tremolo*, les *sotto voce*, et sur tout cet éternel vocabulaire technique à l'usage des instrumentistes qui se plaisent à noyer la poésie et l'idée dans un dialecte magistral et assommant.

Rossini ne répondait à toutes les interpellations sur les *scherze* et les *cabalette* que par l'éloge du plat qu'il mangeait.

La célèbre cantatrice disait avec une grâce,

un sourire divin et un verre de punch glacé :

— Mon cher *maestro*, je suis sincère, moi; je n'aime pas trop mon rôle de *Semiramide*, je n'ai point de cavatine à mon entrée; c'est affreux! J'entre au temple de Bélus comme dans ma chambre. Faites-moi une entrée, mon cher Rossini.

— La mode du punch glacé, répondait Rossini, nous vient d'Angleterre; c'est un excitant au rôti.

Patrick se leva, les yeux étincelants et la joue enflammée, comme un homme arrivé au délire de l'exaltation et à l'oubli de lui-même.

— Rossini! s'écrie-t-il, vous chantez pour des oreilles de sourds! Ces hommes sont trop savants pour vous comprendre! Il vous faut à vous, dans vos auditoires, des intelligences simples et naturelles, des imaginations poétiques où les broussailles de la science ne germent pas! Rossini, vous avez bâti une pyramide nommée *Semiramide;* mais, comme l'architecte égyptien, vous avez muré la porte et placé un sphinx devant.

Un premier violon se leva et apostropha Patrick. Mais l'Irlandais, avec un de ces regards et de ces gestes foudroyants qui suppriment la contradiction, s'écria : .

— Silence à l'orchestre! Il y a deux heures que j'écoute vos *bécarres* et vos *bémols,* écoutez-moi à votre tour, ou mangez... Oui, *Semiramide* est une œuvre impérissable et qui ne peut vieillir, parce qu'elle était âgée déjà de quatre mille ans lorsqu'elle naquit. Toute musique a son point de départ terrestre et connu. La religion, la liberté, la mort et surtout l'amour sont le point de départ de l'harmonie dramatique. Mais de quelle source est sortie la musique de *Semiramide?* à quelle impression humaine se rattache-t-elle? Il ne s'agit point de la savante combinaison des accords, mais de la pensée dominante qui plane sur cette partition incroyable et impossible. Rossini a dédaigné là tout ce qui fait le triomphe vulgaire et facile. Il n'y a point d'amour, point de passion charnelle, point de liberté qui se révolte contre la tyrannie, point de danse, point d'intérêt bourgeois, rien. C'est une fable renouvelée du déluge, un spectre dont on peut se moquer si l'on ne croit pas aux spectres, une mère infâme, un Assur féroce, un grand prêtre stupide, un Arsace efféminé qui joue l'homme avec un contralto. Eh bien! avec ces personnages usés jusqu'aux sandales dans les ornières de l'école, avec ce drame sans vérité, sans nouveauté, sans intérêt, Rossini a créé un monde; il a pris toutes ces antiquailles et tous ces pantins de la mythologie de Bélus, et il vous a rassasiés d'émotions inconnues qui nous semblent venir d'un sixième sens. Nous n'avons pas vécu à Babylone, nous ignorons absolument quelles mélodies couraient avec les vents dans les palmiers des jardins suspendus, et un mystérieux instinct d'artiste nous dit que toute cette ardente musique est pleine de parfums babyloniens dans ses joies, dans ses fêtes, dans ses triomphes, dans ses terreurs, dans ses remords, dans ses tombeaux. Avant la *Semiramide*, vous ne deviez avoir que des œuvres courtes, belles dans certaines parties, mais expirant faute d'haleine. Dans la *Semiramide,* tout s'élance d'un foyer inépuisable; l'orchestre est comme un volcan qui prodigue les pierreries, comme le Vésuve les atomes de cendre. C'est une puissance de souffle surhumaine, une aspiration colossale, comme si une pyramide entr'ouvrait ses flancs pour donner passage aux torrents d'air emprisonnés dans elle depuis Ninus. C'est une profusion de richesses à épuiser tous les trésors de l'Orient!... Sémiramis, la grande reine, entre comme elle doit entrer, belle, tremblante et muette; l'hymne éclate autour d'elle, mais la coupable reine se tait. Voici Arsace qui arrive; écoutez ce qu'il chante et dites si cela vous rappelle un mode connu. Écoutez son duo avec Assur, et dites-moi si jamais la musique, dans des proportions si étroites, a produit quelque chose de plus large, de plus varié, de plus opulent. Écoutez ces airs de volupté orientale que les femmes de la reine chantent dans les jardins, et dites-moi si vous ne respirez pas le doux poison qui circulait dans le gynécée des reines adultères. Écoutez le finale du tombeau, et dites-moi si jamais la métaphysique des terreurs surnaturelles a trouvé une langue plus formidable pour vous donner les frissons de la mort! Après cette lugubre et terrible scène, qui vous fait croire à l'incroyable, il semble que le pouvoir de l'artiste créateur ne peut aller au delà. Comptez sur Rossini : vous n'avez vu encore que le péristyle du temple; vous avez fait un pas; entrez. La même énergie de tons, la même vigueur d'haleine vous jettera d'autres merveilles. Rossini vous fera même assister à une scène qui est le prodige de l'art; il vous attendrira sur une mère couverte du sang de son époux et qui embrasse son fils; Rossini tirera du néant, pour accomplir cette réconciliation impossible, des notes fondues dans le creuset céleste au jour de la clémence de Dieu. Et ne croyez pas que tant de miraculeuses choses soient toutes l'effet des savantes combinaisons de l'art ou même des inspirations solitaires du poëte; il est arrivé à Rossini ce qui ne manque jamais aux génies sublimes, le bonheur! Sous l'obsession de son démon, Rossini obéissait souvent, à son insu, à une loi surnaturelle qui lui dictait les échos d'un monde évanoui. C'était l'association de deux natures dont une seule se matérialisait et prenait un corps humain; l'autre restait dans ces profondeurs de l'espace où quelque invisible génie garde tous les trésors de joie, de colère, de douleur, d'amour, de flamme, que l'homme a dépensés depuis sa création !

Patrick se laissa tomber sur son fauteuil; son visage était écarlate; ses cheveux hérissés s'agitaient comme des flammes. Il jeta sur la femme un regard dévorant, et, fermant les yeux, allongeant les bras sur la table, roulant son visage sur ses mains, il garda l'immobilité de la tombe ou du sommeil.

La stupéfaction était peinte sur tous les convives. Rossini, le plus spirituel des hommes de génie, grimaça le sourire et chercha, pour la première fois, une plaisanterie de circonstance; mais pour la première fois il ne trouva rien. La belle Maria, convulsivement agitée, avait allongé ses bras nus et superbes sur la table, et, la poitrine en avant, les tresses déroulées sur les tempes et les épaules, le visage immobile, l'œil fixe et largement ouvert, elle ressemblait à un sphinx de marbre blanc exhumé d'une fouille du temple napolitain d'Isis et Sérapis.

Mais de tous les convives, le plus merveilleux à voir était Lorenzo, le maître du festin et de la villa. Ce qu'il avait entendu, ce qu'il voyait, lui paraissait inexplicable; il continuait à regarder Patrick avec des yeux humides d'émotion et bouleversés par une sorte de terreur. Personne n'osait hasarder une réflexion avant Lorenzo, et lui ne savait quelle tournure donner à cette scène sans nom. Tout à coup il se leva, doubla un des bouts de la table, et, soulevant Patrick, il l'emporta évanoui ou endormi dans l'intérieur de la maison.

Un domestique vint annoncer, de la part de son maître, que le seigneur Lorenzo consacrait le reste de la journée à son ami malade, et que chaque convive était rendu à sa liberté.

Les invités, toujours silencieux, se levèrent et marchèrent lentement vers le rivage, où les rameurs les attendaient.

Ils étaient déjà bien loin, et la célèbre cantatrice n'avait pas encore quitté sa place.

— Madame, lui dit Rossini, songez que nous avons une répétition à quatre heures.

Maria fit un mouvement nerveux de la tête et des bras, comme si elle eût dormi éveillée et qu'une voix l'eût arrachée à cet étrange sommeil; et, se levant avec une vivacité convulsive, elle dit :

— C'est juste; allons à la répétition.

IV

Le lendemain de ce jour, Patrick se levait avec le premier rayon du soleil dans une chambre de la villa Sorrentina. Il ouvrit la croisée et respira, dans l'air frais du matin, le meilleur remède que la médecine puisse conseiller après une furieuse agitation.

Lorenzo entra, et les deux amis, un peu embarrassés l'un de l'autre, se serrèrent affectueusement la main.

Avec une question banale, on sort facilement d'une position équivoque.

— Comment as-tu passé la nuit? dit Lorenzo avec une aisance affectée qui voulait ménager son ami.

— Fort bien, dit Patrick... Est-ce que j'ai été malade?

— Non; c'est une question d'habitude que je te fais.

Patrick ferma les yeux comme pour regarder sans distraction en lui-même quelque souvenir confus de la veille, et, prenant la main de Lorenzo :

— Mon ami, dit-il, viens à mon aide; que s'est-il passé hier? Quelque chose me pèse, là, sur le front... Ai-je dormi longtemps?

— Quinze heures, dit Lorenzo en riant.

— Quinze heures! J'ai fait des rêves étranges... attends... attends... le brouillard se dissipe... je commence à voir clair... Oh! sainte pudeur!

Et il jeta son visage dans ses mains.

— Enfant! dit Lorenzo avec un accent d'affection touchante, enfant, ne prends donc pas la peine de rougir ainsi devant moi.

— Lorenzo, c'est décidé, je pars pour Rome aujourd'hui; j'irai me jeter aux pieds du saint-père.

— Eh! quel crime as-tu commis, innocent?

— Patrick!...

— Tu as bu du champagne et du lacrima-Christi : voilà de quoi désespérer de son salut!

— J'ai bu l'enfer! s'écria Patrick.

Et il étreignit fortement sa poitrine dans ses bras.

— Mon ami, dit Lorenzo, parle-moi avec franchise; depuis hier, je suis bouleversé. J'ai passé ma nuit sur le seuil de ta porte pour écouter la voix de tes songes et obtenir une confidence de ton sommeil. Que se passe-t-il en toi de mystérieux, d'inexplicable, depuis hier?...

Patrick ne savait ce qu'il allait répondre, lorsqu'un domestique annonça sur l'escalier qu'il avait une lettre à donner à M. Patrick de Dublin.

Lorenzo prit la lettre et la remit à son ami.

Patrick ouvrit et lut :

« My dear sir,

« J'espère que vous serez assez bon pour accepter un déjeuner sans façon et frugal à la villa Barbaïa, au Pausilippe. Nous serons aussi peu de monde que vous voudrez. Je vous ai fait retenir ce soir, à San-Carlo, une loge à côté de la loge du roi. On joue votre *Semiramide*.

« Maria. »

— Démon! s'écria Patrick en froissant le

billet dans ses mains.... Tiens, Lorenzo, lis. Est-ce un tour de l'enfer, celui-là?

Lorenzo prit le billet et sa figure se couvrit d'une pâleur mortelle.

— Est-ce à toi ou à moi que ce billet est adressé? demanda-t-il d'une voix éteinte par l'émotion.

Pour toute réponse, Patrick remit l'enveloppe du billet à Lorenzo.

— Oui, dit le jeune Italien, c'est à toi : *A M. Patrick O.... de Dublin....* L'adresse est précise, c'est bien à toi... Et comptes-tu aller à cette invitation... mystérieuse, Patrick?

L'Irlandais, les bras croisés sur sa poitrine, se promenait à grands pas et paraissait méditer quelque résolution.

— Patrick, poursuivit Lorenzo, il paraît que la belle actrice a découvert ton nom à l'hôtel de la Victoire... du moins je suppose... Il paraît que cela lui tenait au cœur.

Patrick ne répondit pas. Lorenzo sortit un

instant de la chambre, sans être remarqué de son ami, et dit quelques mots à l'oreille du domestique sur l'escalier.

Rentré, il prit vivement le bras de Patrick et lui dit :

— Mon ami, tu es appelé à la villa Barbaïa; le sais-tu? Suis-je indiscret en te demandant si tu me quitteras pour ce déjeuner?

— Eh bien! s'écria Patrick, puisque l'enfer le veut, l'enfer sera content. Oui, j'irai à la villa Barbaïa!

— Malheureux! s'écria Lorenzo, tu renies donc tes devoirs?

— J'appelle la grâce à mon secours et la grâce ne vient pas.

— Patrick, songe à l'habit que tu portes!

— L'habit que je porte est le tien, je ne souille pas l'habit de saint Pierre. A quoi songes-tu, de me donner de si sages conseils aujourd'hui, toi si libertin hier?

— Patrick, tu vas me comprendre. Si j'avais reçu une invitation de cette femme, sans y voir figurer ton nom à côté du mien, j'aurais refusé.

— Oui, voilà seulement ce qui te révolte, Lorenzo. Tu es sincère.

— Très-sincère.

— Eh bien! ce billet m'autorise à choisir ma société. Je t'invite.

— Quelle étrange plaisanterie me fais-tu là?

— Je parle sérieusement. Accompagne-moi à la villa Barbaïa.

— Non, mille fois non; je reste. Il n'y a pas un souvenir d'une ligne pour Lorenzo dans ce billet... L'intention de celle qui écrit est évidente... on veut être seule avec toi.

— Adieu, Lorenzo; ma tête brûle; la volonté manque à mon âme; je suis sur une pente horrible : l'abîme appelle l'abîme; il faut aller au fond du gouffre.

— Adieu, Patrick.

— Où te reverrai-je, Lorenzo?

— A San-Carlo, ce soir.

— A San-Carlo!... Mon Dieu! mon Dieu! pourquoi m'abandonnez-vous? Ce fut le cri du fils de l'homme sur le Calvaire!... Oui, Lorenzo, je sens sur mon front le sceau de la réprobation... A San-Carlo!

Et il fit un pas vers la porte pour sortir. Lorenzo, au comble de l'agitation, courut à lui, et prenant ses deux mains et mettant sa figure à deux doigts de la sienne, il lui dit d'une voix effrayante :

— Patrick, tu l'aimes donc, cette femme?

L'Irlandais jeta sur Lorenzo un regard mélancolique et dit :

— Adieu! adieu!

Et il sortit de la chambre avec une précipitation qui ressemblait à la folie.

Lorenzo s'assit et le suivit quelque temps de l'œil avec un sourire où perçait la malignité. Puis il appela son domestique et lui demanda si ses ordres avaient été suivis. Celui-ci répondit que tous les canots de la villa étaient déjà bien loin, qu'il ne restait dans la baie qu'un batelet plat, sans rame et à demi submergé.

— C'est bien, dit Lorenzo, je vais voir rentrer mon Patrick, que j'ai fait prisonnier de guerre. On l'attendra longtemps à la villa Barbaïa ce matin et à San-Carlo ce soir.

Une demi-heure s'étant écoulée, Lorenzo conçut quelque inquiétude, et il se leva pour jeter un coup d'œil sur le rivage. Sous les arbres, dans les allées, sur la grève, tout était désert et silence. Il appela son ami à haute voix et à plusieurs reprises. La réponse attendue ne résonna pas dans l'air. L'anxiété de Lorenzo augmentait à chaque instant. — Mais cet homme est un démon incarné! disait-il à un interlocuteur absent, comme on parle dans le jardin de l'hospice des fous; cet homme est un démon!... Où diable a-t-il vu la *Semiramide?* où s'est-il rendu amoureux de cette femme? et maintenant quel chemin a-t-il pris pour aller à la villa du Pausilippe? Et il est aimé! il est aimé!.... aimé de cette femme!... et pour un mauvais feuilleton sur *Semiramide* qu'il a prêché hier entre deux flacons de *lacrima-Christi!* Oh! ma position est intolérable! Il faut que j'en sorte à tout prix!

Le jardinier de la villa revenait de la pêche en ce moment et passait, les lignes sur l'épaule, devant Lorenzo. A la première question que lui fit son maître, la vérité se révéla. Le jardinier avait vu un jeune homme accourir sur le rivage, et lançant des regards inquiets autour de lui comme pour chercher un canot. Puis ce même jeune homme apercevant une barque de pêcheur qui cinglait dans la direction de Naples, à peu de distance de la côte, il s'était jeté bravement à la mer et avait atteint la barque en quelques élans.

— Mais cet ange d'hier est donc un démon aujourd'hui! s'écria Lorenzo.

Puis, s'adressant au jardinier, il lui dit :

— C'est l'heure du retour de la pêche; reste ici, attache tes yeux sur la mer, et ne manque pas de héler le premier bateau qui passera à la portée de ta voix. Il y a cinq ducats à gagner pour le patron. Je t'attends à la maison, et, si tu m'amènes une barque, il y a cinq ducats encore pour toi.

— Je promets à votre seigneurie un patron dans un quart d'heure, dit le jardinier en s'inclinant.

Et Lorenzo reprit le chemin de la villa, répétant à haute voix son éternel monologue:
— Cet ange est un démon.

V

La villa Barbaïa est une résidence délicieuse, elle est suspendue au flanc du Pausilippe comme un blanc et frais nourrisson au sein de sa mère. Il y a des treilles charmantes, de doux abris, de ravissantes échappées de mer et de montagnes, des bois recueillis où l'on entend des murmures pleins de grâce, de mélodie, de volupté, d'amour.

Patrick se promène sous les arbres qui couronnent la villa bien avant l'heure convenue de l'invitation; il porte un costume élégant, au suprême goût de la fashion; c'est dans la ville de Tolède qu'il s'est habillé mondainement de pied en cap, plus heureux que Léandre, qui ne trouvait pas de tailleurs quand il arrivait au pied de la tour d'Héro. Un domestique a promis de le prévenir quand sonnera l'heure de la réception. Le jeune novice irlandais est charmé de ce retard, qu'il emploie à préparer des questions et des réponses. Mais, à chaque instant, il ouvre le précieux billet et tâche de découvrir, sous le voile des expressions, la véritable et occulte pensée de la femme artiste. Quel admirable plan de vie il s'organise à loisir ! Sans doute cette villa charmante appartient à la célèbre cantatrice. Ce sont bien là les jardins suspendus de *Semiramide*. Oh! que l'existence doit être douce entre l'azur de ce ciel et l'azur de ce golfe ! Quel ravissement d'être le maître, le favori ou l'esclave de cette reine superbe, et de la recevoir là, toute palpitante des caresses de San-Carlo, et de dire à tout ce monde en délire et brûlé d'inutiles désirs : « Oui, cette femme... » Patrick n'osait achever son idée; mais si quelque témoin de son agitation eût passé, il aurait vu que le jeune homme était partagé entre les sentiments les plus opposés, la joie et le désespoir, l'extase et le remords, la honte et l'orgueil.

A l'heure annoncée, Maria se leva comme une étoile entre deux colonnes de marbre de la villa. Elle portait, comme toujours, une simple robe blanche, virginalement agrafée à la racine d'un cou pur et blanc comme l'ivoire. Sur sa belle tête nue, l'ébène fluide des cheveux se divisait mollement et roulait en bandelettes égales sur ses épaules. Au premier sourire qu'elle laissa tomber de ses yeux veloutés et limpides, cette création immense et sublime sembla sortir du chaos et tressaillir de joie comme l'Éden à la naissance d'Ève.

Le plus beau paysage, sans la femme, n'est que la silhouette du néant!

Patrick la vit et son regard expira d'amour. Il se raffermit sur ses pieds et marcha lentement vers la maison. En cet instant décisif, toutes les belles choses qu'il avait préparées s'évanouirent dans sa mémoire. Il ne trouva sur ses lèvres convulsives que des phrases obscures et begayées. Maria, avec cette noble familiarité des grands artistes, lui tendit gracieusement la main, comme à une ancienne connaissance, et lui dit :

— Vous êtes exact comme un gentilhomme anglais, mon cher monsieur Patrick. Êtes-vous seul?

— Oh! seul! répondit Patrick avec une expression de mystère qui fit sourire la belle dame.

— C'est que votre ami aurait été de trop ce matin.

— J'ai laissé mon ami à la villa Sorrentina.

— Très-bien! sir Patrick. Votre indisposition d'hier n'a pas eu de suites?

— Pas eu de suites, répondit Patrick en écho.

— Permettez-moi de vous introduire et de vous présenter à mon cher *impresario*.

Patrick n'entendit pas la fin de cette phrase. En ce moment, toutes les cloches de Naples sonnèrent l'*Angelus*, et cette harmonie aérienne et religieuse fit tressaillir le jeune chrétien, comme si sa mère l'Église lui eût envoyé un reproche et un conseil par toutes les saintes voix de l'air. Quelques larmes de remords tombèrent de ses yeux, mais elles furent bientôt dévorées par la flamme de passion qui brûlait son visage et changées en un sourire par les sons d'un cor qui jouait un air de *la Dame du lac*.

Attiré par le geste d'une femme comme le fer par l'aimant, Patrick se trouva, sans y songer, dans une salle charmante peinte à fresque et toute remplie d'images païennes comme un triclinium de Pompéia.

Patrick s'inclina devant un étranger qu'il supposa être le père de Maria, ce qui donna soudainement à sa position un caractère moral dont il s'estima heureux de s'applaudir.

Il n'y avait que trois couverts. On se mit à table. Patrick, feignant de se retourner pour regarder une Danaë sous sa pluie d'or, peinte à fresque, dissimula un *Benedicite* et deux rapides signes de croix... — Lâche déserteur que je suis! se dit-il dans une réflexion mentale. Et sous les plis de sa serviette qu'il déroulait, il frappa sa poitrine trois fois.

Au premier service, il eut l'air d'excuser son silence par son appétit. La conversation d'ailleurs n'était pas effrayante pour lui. On parlait des recettes de San-Carlo, du prochain *gala*, d'un bon mot du prince de Syracuse, de la fuite d'une choriste qui s'était enlevée avec une contre-basse, de l'arrivée d'un jeune peintre décorateur qui devait effacer San-Quirico; enfin d'une foule de ces riens qui défraient les conversations des artistes et des directeurs.

Insensiblement Patrick reprenait sa tranquillité. Mais, au milieu de tous ces petits propos sans consistance et sans but, Maria laissa tomber une phrase qui replongea l'Irlandais dans un trouble alarmant. Cette phrase fut prononcée lentement et d'un ton si affecté que Patrick ne put s'empêcher d'y attacher une intention.

— Moi, avait dit la jeune actrice, ma liberté m'est douce, et, si je la perds, ce ne sera qu'en épousant un grand artiste. J'ai refusé des princes, c'est connu.

Patrick fut surtout bouleversé par le regard qui accompagnait ces paroles.

Au dessert, l'*impresario*, qui était plus

que jamais pour Patrick le père de Maria, prit un air solennel, et, regardant fixement le jeune Irlandais, il lui dit :

— Sir Patrick, vous allez connaître maintenant quelle a été notre intention en vous priant de vous rendre seul à ce déjeuner.

— Voilà la proposition de mariage qui arrive, pensa l'Irlandais. Et il passa vingt fois dans une minute de l'enfer au paradis. L'*impresario* continua :

— J'espère que vous me répondrez franchement, sir Patrick. (Patrick fit un signe affirmatif.) Hier soir, madame notre divine *prima donna* est revenue de la villa Sorrentina, tout enchantée de votre mérite, et le *maestro* Rossini lui-même exécutait avec madame, à votre sujet, un véritable duo d'éloges; à tel point que vous avez forcé Rossini à se prendre au sérieux. Un miracle! on a dit que vous aviez parlé de l'art en artiste, mais en artiste hors de ligne, et qu'il n'y avait en Irlande qu'un seul homme de cette puissance musicale, le célèbre ténor Patrick, qui a débuté à *Royal-Theatre*, à Dublin, en 183., ainsi que ma correspondance me l'annonça dans le temps. J'ai su depuis que le célèbre ténor est venu se perfectionner incognito à Milan et à Bologne, et qu'il a chanté, à la *loggia*, chez Mme de Valabrègue, avec Mme Duvivier, *soprano* et *contralto*, un duo d'*Armida* de manière à enlever les applaudissements. Le chevalier Sampierri, qui est le premier accompagnateur de la Toscane, m'a confirmé tout cela. Sir Patrick, il nous manque un ténor à San-Carlo pour faire notre saison. Nous en avons un qui, par malheur, est un ténor *sfogato*. Ce n'est pas mon affaire. Dans la *Semiramide*, nous pouvons à la rigueur nous passer d'un premier ténor; dans cet opéra, Rossini n'a sérieusement écrit que la *basse*, le *contralto* et le *soprano*. Le ténor y est accessoire. Mais si nous voulons monter *Otello,* par exemple, qui fait toujours *fanatisma,* nous sommes sans ténor. Comprenez-vous ma position, sir Patrick?

L'Irlandais écoutait ce discours si étrange pour lui plutôt avec ses yeux qu'avec ses oreilles; il regardait l'*impresario* d'un air effaré, qui pouvait passer pour l'expression du vif intérêt que lui inspirait ce préambule. L'*impresario,* augurant bien de l'attention muette de son convive, continua ainsi :

— La saison s'annonce bien à San-Carlo. Nous avons cent quarante familles anglaises à Naples, onze princes russes avec leur suite, et nombre de riches Espagnols. Ce n'est pas le bon public qui manque, c'est un ténor. Aussi je suis prêt à faire tous les sacrifices possibles pour avoir un ténor *assoluto* comme vous, monsieur (Patrick bondit), oui, comme vous, monsieur; l'incognito est désormais impossible, et je vous offre mille livres et une représentation à bénéfice qui vous vaudra bien autant.

Il n'y a pas une tête, dans tous les tableaux des musées d'Italie, qui puisse donner idée du sentiment indéfinissable qui contractait le visage de Patrick. Ses traits semblaient avoir changé de place : il regardait l'*impresario* de l'air d'un homme qui, réveillé en sursaut d'un profond sommeil, serait obligé de faire une réponse à une question inconnue.

L'*impresario*, habitué à avoir autour de lui les visages les plus extravagants de la terre, crut voir, au silence de Patrick, que ses propositions n'avaient point paru assez avantageuses, et il offrait deux cents livres en sus des mille.

— C'est juste ce que je gagne! dit la *prima donna*. Monsieur Patrick ne peut plus hésiter.

— Vous ne pouvez plus hésiter, dit l'*impresario*.

— Cet *Erinn!* cet *Erinn!* ce maudit vaisseau qui a été obligé de rentrer dans le port! s'écria Patrick; et il cacha son visage avec ses mains... Après une pause, il ajouta :

— Fatalité! fatalité! la damnation d'un homme est attachée à un coup de vent!

Cette fois, ce fut l'*impresario* qui ouvrit des yeux démesurés. La *prima donna*, les deux coudes sur la table, les mains jointes, avait repris sa position de la veille et regardait Patrick avec une inquiétude mêlée d'effroi.

Patrick saisit au vol un moment lucide de bonne inspiration et dit à l'*impresario :*

— Monsieur, vous m'avez pris au dépourvu; je ne suis pas prêt à vous répondre. Donnez-moi un jour de réflexion.

— Excusez, monsieur Patrick, l'indiscrétion que nous avons commise en trahissant votre incognito. N'attribuez ce procédé, peu convenable, j'en conviens, qu'au désir de mettre en relief votre talent sur le premier théâtre du monde, et aux nécessités urgentes de service lyrique où je me trouve en ce moment. Vous excuserez un véritable *impresario in angustie.*

— Maintenant, parlons d'autre chose, s'il vous plaît, dit Patrick.

— Soit, dit l'*impresario.*

Et jusqu'à la fin du repas il se fit un échange de mots insignifiants, comme il arrive après une conversation ardente qui a mis tous les interlocuteurs dans l'embarras.

En se levant de table, l'*impresario* dit à Patrick :

— Nous avons quelques petites affaires au théâtre pour la représentation de ce soir; vous nous permettrez de vous accompagner à la ville, dans une heure. Moi, j'ai quelques ordres à donner ici. Mais je vous laisse en bonne compagnie.

— Je suis à vos ordres, dit Patrick.

Lorsque Maria et l'Irlandais se trouvèrent seuls sur la terrasse, la conversation ne tarda pas de s'établir. La *prima donna* regarda fixement Patrick et lui dit :

— Douze cents livres et un bénéfice ! Il n'y a pas de quoi demander vingt-quatre heures de réflexion !

— Madame, dit vivement Patrick, je suis de race montagnarde et je ne sais pas garder mes sentiments. Si vous m'offriez les trois plus belles choses de ce monde, votre main, votre fortune, votre amour, je vous demanderais un jour de réflexion.

— Ah ! dit l'actrice avec un sourire charmant, il paraît que vous êtes habitué au bonheur ! Vous le marchandez quand on vous le donne gratis.

— Oh ! ne me raillez pas, madame; plaignez-moi ! Vous voyez devant vous un homme qui, depuis trois jours, doute de son existence, un homme qui fait un rêve pénible et qui ronge ses poings sans pouvoir se réveiller.

— Expliquez-vous, monsieur, dit l'actrice avec émotion, et si l'intérêt que vous m'avez inspiré...

— Madame, n'achevez pas! n'achevez pas! Il m'est aussi impossible de connaître mon bonheur que mon malheur. Entre vous et moi il y a un abîme! Je devais vous fuir, et ma vie s'éteint loin de vous. Je voudrais rester là sur cette place, et la plus impérieuse des voix me dit de m'éloigner. L'air que je respire ici me tue et me ressuscite; je sens sous mes pieds le feu de l'enfer et dans mon cœur les extases du paradis. Il y a deux êtres en moi : l'un blasphème, l'autre prie; et, si cette lutte se prolonge, je sens que ma raison y périra!

— Revenez à vous, monsieur, dit Maria d'une voix mélodieuse et pleine d'affection. Je pourrais m'assurer de vos paroles, mais vous êtes si sincère dans l'expression de vos sentiments, que je vous accorde mon estime et mon amitié.

— Eh! madame, quand vous m'offririez votre amour, je vous répète qu'il me serait impossible de l'accepter.

— Alors, quel est votre but, monsieur, qu'exigez-vous?

— Rien! je me plains. Me refuserez-vous la plainte? la plainte, seule consolation que Dieu ait donnée à l'homme!

— En vérité, monsieur, je ne sais si je dois plus longtemps entendre...

— C'est bien, madame, je me tairai.

— Surtout réfléchissez, monsieur, à ma position : elle est fort délicate. Je ne suis nullement préparée à une confidence qui me paraît inopportune aujourd'hui, mais qui plus tard...

La subite arrivée de l'*impresario* coupa sur ce mot la phrase la plus intéressante de l'entretien. Patrick s'éloigna de quelques pas pour dissimuler à l'*impresario* l'horrible trouble qui l'agitait. Celui-ci profita de l'instant pour dire à Maria :

— Eh bien! l'avez-vous décidé? accepte-t-il? débutera-t-il dans *Otello?*

— C'est possible, répondit au hasard l'actrice, trop préoccupée de la situation pour écouter l'*impresario*.

La voiture attendait au bas de la rampe. Patrick refusa d'y monter, pour se ménager le plaisir, disait-il, d'aller à Naples en se promenant. — A ce soir donc, à San-Carlo! dit l'*impresario*. — A ce soir! dit Maria.

L'*impresario* était déjà dans la voiture. L'actrice tendit la main à Patrick. — A ce soir! lui dit l'Irlandais; et quand vous serez délivrée à San-Carlo, je vous donne rendez-vous au pied des autels.

Patrick avait cru se réconcilier avec lui-même en légitimant son amour par cette promesse sainte. Mais, bien qu'il n'eût pas été encore consacré par le sacerdoce, il avait fait d'irrévocables vœux, et chacune de ses pensées était déjà un sacrilége et un parjure devant Dieu.

S'entretenant avec ses réflexions, il se promène sur le bord de la mer, en attendant l'heure du spectacle. On jouait l'ouverture lorsqu'il entra dans la loge de San-Carlo. Plusieurs convives de la villa Sorrentina y avaient déjà pris place, et Lorenzo était du nombre.

Patrick serra la main de son ami et ne remarqua pas l'horrible pâleur qui couvrait le visage du jeune Italien.

Lorenzo fit un sourire forcé, et, se penchant à l'oreille de Patrick, il lui dit : — Que de choses tu dois avoir à me conter, heureux Patrick! — Silence! répondit l'Irlandais, je veux écouter l'ouverture. — Encore un mot, mon cher Patrick; où diable as-tu vu jouer la *Semiramide* dans ta vie? — Ici. — Patrick, tu es damné!

Le jeune diacre tressaillit; mais le rideau se leva, emportant avec lui dans ses plis les terreurs religieuses de Patrick.

La salle entière attendait Sémiramide. Quand elle parut, les cinq rangs de loges éclatèrent, comme un vaisseau à cinq ponts qui ferait feu de tous ses sabords. Deux hommes seuls n'applaudirent pas, Lorenzo et Patrick.

Au moment où le grand prêtre entonnait le *Fra tanti regi e popoli,* la cantatrice lança vers la loge de Patrick un de ces regards rapides et lumineux que les actrices savent si bien adresser à un seul visage et dissimuler à toute une multitude. Patrick vit le ciel s'entr'ouvrir, et toutes les joies de la vie entrèrent dans son cœur.

Alors une voix dit au fond de la loge : — On demande monsieur Patrick O...

— Qui m'appelle? dit le jeune Irlandais.

— Vous êtes prié de descendre au péristyle, dit la voix.

— Je garde ta place, dit Lorenzo; et un sourire infernal contracta sa figure.

Patrick descendit.

Un domestique lui remit une lettre scellée des armes épiscopales.

Il ouvrit et lut.

Le prélat napolitain menaçait Patrick des foudres de l'excommunication, s'il n'allait, à l'heure même, s'enfermer au couvent des Camaldules pour y faire une retraite d'un an.

En ce moment, une porte s'ouvrit dans les corridors et le mot *spavento* tomba, comme un coup de foudre, sur la tête de Patrick.

Patrick releva fièrement le front vers le ciel comme pour invoquer Dieu, et il dit :

— Aux Camaldules !

Et il sortit du théâtre d'un pas ferme et résolu.

V

Quinze mois environ après cette scène, par un beau soir d'été, un jeune prêtre se promenait en récitant son bréviaire sur les rives du lac de Killarney, dans le comté de Kerry, en Irlande. Il eût été difficile de reconnaître dans cet ecclésiastique le fougueux Patrick de la villa Sorrentina, tant il avait été miné par les jeûnes, les veilles ardentes de la prière, les austérités du cénobite, la méditation et le repentir!

Ordonné prêtre, depuis un mois, dans l'église de Saint-Patrick, à Dublin, il avait été envoyé à la petite ville de Killarney pour y remplir les fonctions de vicaire, et il s'était enseveli avec joie dans ce recoin de l'Irlande comme dans un tombeau.

Après la scène de San-Carlo, il avait embrassé aux Camaldules la vie muette et contemplative des trappistes, il n'avait parlé qu'à son âme, il n'avait écouté d'autre parole que l'incessante voix de la prière, qui roule nuit et jour dans l'église, le cloître, le dortoir d'un couvent. Mais après son ordination, lorsqu'il eut élevé entre le monde et lui une barrière insurmontable, il crut devoir écrire à son ami de séminaire, Lorenzo, une lettre dans laquelle il se révélait à lui dans la pensée de sa nouvelle position, afin que d'anciens scandales fussent effacés de la mémoire de tout le monde. Voici cette lettre, qui fit une vive impression sur Lorenzo :

Au presbytère de Killarney... 183..

« Mon cher Lorenzo,

« Si je suis mort au monde, je veux au moins être vivant aujourd'hui pour mon unique ami. Ce soir, je rentrerai dans mon tombeau.

« J'ai fait trois jours la vie du monde, et ces trois jours ont été brûlants et longs comme trois siècles de l'enfer. Voilà donc ce que le monde peut donner à ses élus! Ceux qui peuvent y vivre sont plus forts que ceux qui renoncent à lui : j'ai fait une chose très-facile en le quittant.

« Me voilà relégué dans un pays bien favorable aux méditations, c'est le coin du globe qu'il me faut. Dieu l'a créé pour moi. L'Océan n'est pas loin, et je me plais à m'entretenir avec lui des mystères sublimes de la création; ma pensée l'interroge, et son immensité répond à l'atome.

« J'ai un autre océan dans mon voisinage, le beau lac de Killarney ; c'est le portrait en miniature de l'infini dans un cadre de montagnes. Les nuages passent et boivent dans le lac comme dans une coupe taillée dans le roc. C'est là que je viens m'asseoir pour penser et prier. Il n'y a pas, sous le ciel, un oratoire plus religieux. Là, si je pousse un seul cri vers Dieu, ce cri est répété mille fois par l'écho inextinguible des roches circulaires qui couronnent le lac. Le prêtre entonne le verset, et toute la nature répond et prie avec lui.

« Cette terre est une communication éternelle avec le ciel ; les plus hautes montagnes s'y élèvent comme d'impérissables pensées, qui parlent de près à Dieu par la voix de la foudre et du vent. Quelquefois je me figure que je suis dans une église immense, dont la voûte est le firmament, et qui a pour piliers les pics sublimes de Mangerton et de Bautry, les montagnes de Galty et de Naples. Sous le péristyle de ce temple infini, le lac de Killarney n'a que les proportions d'un bénitier ordinaire. Saint-Pierre de Rome n'est qu'un grain de marbre devant cette basilique bâtie par la main de Dieu.

« Oh! lorsqu'on regarde le monde du haut de cette création, le monde est un atome qui ne vaut pas la peine qu'on se damne pour lui. Un jour, Lorenzo, tu reconnaîtras la vanité des plaisirs de la terre et tu te souviendras que, dans un coin de l'Irlande, il te reste un frère et un ami.

« Patrick O***. »

Le jeune prêtre, ayant terminé son office du soir, s'assit et déposa son bréviaire à côté de lui. Le dernier rayon du soleil avait disparu.

Il avait fini la prière écrite, il commençait la prière mentale, qui n'a pas besoin d'être formulée pour être comprise de celui qu'on prie avec le cœur bien mieux qu'avec les lèvres.

Un grand bruit de voix éclata soudainement dans les solitudes, toujours silencieuses. Au milieu de ces voix, on distinguait les sons d'un cor qui jouait un air de *la Dame du lac*. Patrick se leva et tressaillit comme si un volcan eût éclaté sous ses pieds.

Il prit son bréviaire et le serra sur sa poitrine, comme un soldat fait de son bouclier, en entendant le clairon de l'ennemi.

Ce fut un terrible moment d'apparition surnaturelle, un mirage d'êtres vivants. Six hommes et une jeune femme se révélèrent sur un plateau de rochers comme un groupe sur un piédestal. Patrick reconnut distinctement deux de ces personnes, Lorenzo et Maria : les autres, il ne les vit pas !

Maria se détachait sur un fond de ciel d'une transparence si lumineuse qu'elle lui servait d'auréole. L'œil le moins exercé l'aurait, du premier coup, reconnue dans cette favorable position d'optique. Il fut donc impossible à Patrick de croire que son œil l'avait trompé aux approches de la nuit.

Trois fois il regarda l'apparition et trois fois sa tête retomba sur son épaule; il s'appuya de faiblesse sur un rocher et resta immobile comme lui. Puis un long gémissement sortit de la poitrine du prêtre, et ce bruit, qui, dans tout autre endroit, eût passé inentendu, circula d'échos en échos le long du lac, comme la dernière plainte d'un homme au désespoir, qui se noie et meurt avec le jour.

Tout à coup le cor poussa une note, aiguë comme l'invisible lame d'acier qui jaillit du tam-tam, et le formidable finale de *Semiramide*, QUAL MESTO GEMITO! éclata sur les eaux endormies de Killarney.

Le chœur était chanté à sept voix et le cor l'accompagnait avec des notes stridentes qui roulaient sur l'épiderme comme une lime d'acier. Dans cette solitude pleine d'échos et retentissante comme l'orgue de Dieu, cet incroyable *septuor*, entonné par d'habiles voix, semblait être chanté par un monde de choristes et accompagné par un orchestre puissant.

Une voix, une voix bien connue, un *soprano* merveilleux planant sur le lac et les montagnes, les fit tressaillir avec ces paroles sinistres qui semblaient évoquer l'enfer :

Qual mesto gemito da quella tomba !
Qual grido funebre cupo ribomba !

Oh! le grand Rossini avait travaillé pour cette nature et pour cette nuit! Elle était arrivée, cette nuit sombre et mystérieuse; une seule constellation luisait au ciel; la *grande Ourse*, magnifique fauteuil d'étoiles renversé à demi, comme si le dieu du ciel venait d'être détrôné par Satan. Les montagnes ouvrirent leurs oreilles caverneuses, et le souffle de l'air anima le clavier de leurs échos infinis. Les sapins parlèrent aux mousses des pics, les collines aux herbes de la plaine, les ruisseaux d'eau vive aux cailloux polis, les grillons aux chênes, les bruyères aux lacs, les vagues de l'océan aux tristes écueils, et tous ces murmures, toutes ces plaintes, toutes ces voix de la nuit, emportaient au ciel l'infernale harmonie du maître.

Le lamentable cri de Ninus sortit de la montagne comme des flancs de Babel. Toutes les impressions de terreur ressenties depuis le meurtre d'Abel coururent dans l'air. C'était une véritable nuit de Babylone. Les roches saillantes, les pics gigantesques, les montagnes amoncelées, les immenses arceaux granitiques, tout ce paysage grandiose, éclairé fantastiquement aux étoiles, ressemblait à cette architecture infinie, créée par Martyn, le Byron de la peinture; et aux massifs de sapins élevés aux nues par les montagnes insurgées, on aurait cru voir les jardins suspendus de Sémiramis. Alors il y eut encore une sorte de prodige qui ne pouvait éclater qu'à cette heure et dans ce lieu; car il y a des moments et des sites où la grande énigme de la musique dit son mot secret, où nous comprenons, claire et sans voile, cette langue insaisissable de notes fugitives, cette langue qui ne dit rien et dit tout, et dont les villes évaporées ne connaissent que l'alphabet. Le chœur babylonien était terminé et les vallées le chantaient encore. Les mille échos, pris au dépourvu par la rapidité du chant final, avaient des flots de notes en réserve à rendre aux sept musiciens. La montagne, les bois, les pics, les cavernes, les arceaux granitiques, ces puissants choristes, continuaient l'hymne que les faibles voix humaines avaient achevé. Jamais Rossini n'eut des interprètes plus grands, plus dignes de lui! Et ces voix surnaturelles, cet orchestre inouï des échos, semblaient sortir et s'élever du lac circulaire comme d'un soupirail de l'enfer, regorgeant des larmes des damnés.

Le silence qui retomba quelques instants après fut encore plus terrible que le fracas du chant et des échos. Patrick regarda de tous côtés, prêta l'oreille; il ne vit plus rien, il n'entendit plus rien.

— C'est une vision que le démon m'a envoyée, se dit-il; ce lieu n'est pas bon pour moi. Ceignons mes reins et partons. Dieu peut-être a permis que je fusse ainsi troublé dans ma retraite, afin de me rappeler mes premières études et mes premiers vœux. J'ai voué ma vie à la propagation de la foi : j'appartiens à la milice glorieuse de ces martyrs et confesseurs qui partent de Rome pour aller chez les gentils. Levons-nous et allons!

Il s'achemina lentement vers la ville de Killarney, et s'efforça d'oublier l'apparition du lac en méditant sur de saints projets de pèlerinage et sur la mission qui lui avait été autrefois imposée au séminaire de la Propagande.

L'insomnie dévora sa nuit; il eut recours à la prière, et il s'aperçut avec effroi que sa vieille blessure du cœur n'était pas cicatrisée et se rouvrait avec des douleurs poignantes qui lui rappelaient d'autres temps, d'autres cieux, d'autres rivages, et des combats suivis de la défaite et du désespoir.

Aux premiers rayons du jour, il ouvrit l'Évangile, et un hasard qu'il regarda comme providentiel fit tomber ses yeux sur ces paroles, *surgam et ibo; je me lèverai et j'irai.*

Il crut entendre la voix de Dieu même et il arrêta irrévocablement son départ.

— Tout ce qui m'arrive, dit-il, est un avertissement non équivoque du ciel. Le but de mon pèlerinage apostolique m'est indiqué. J'irai prêcher la foi aux peuples nomades qui campent sur les rives de l'Euphrate et dans les solitudes de Balbeck.

Et, plein de ces pieuses idées, Patrick s'achemina quelques jours après vers Dublin, pour se jeter aux pieds du chef apostolique de cette capitale de l'Irlande et recevoir sa bénédiction et ses conseils.

Ses derniers préparatifs de voyage furent bientôt terminés ; comme le premier apôtre, il partait à pied et le bâton à la main, sans regarder derrière lui, les yeux fixés sur l'étoile de l'Orient.

Comme il traversait *Phœnix-Park* de ce pas résolu que prend le piéton partant pour un long voyage, il s'arrêta subitement pour entendre une dernière fois le chant mélancolique d'un pauvre Irlandais qui avait attiré quelques curieux autour de lui : c'était un chant bien connu et qui avait souvent réjoui et attendri son enfance : *Grand, glorieux et libre Dublin, première fleur de la terre, première perle de la mer* (1)!

Il tira de sa bourse une pièce d'or et la mit furtivement dans la main du pauvre chanteur. En même temps une autre main faisait une largesse si magnifique au mendiant irlandais que Patrick tourna involontairement la tête pour voir quel charitable catholique enrichissait d'un coup son indigent compatriote. Deux cris de surprise, suivis d'un énergique serrement de mains, attestèrent aux témoins de cette scène que deux amis se retrouvaient après une longue absence : — Patrick ! — Lorenzo !

— Je t'ai vu, dit Patrick, j'ai serré ta main, Lorenzo : maintenant, je n'ai plus rien à demander à ce monde. Adieu, au revoir dans le ciel !

---

(1) *Great, glorious and free; first flower of the earth; first gem of the sea.*

— Oh! je ne te quitte pas, dit Lorenzo en retenant avec vigueur la main de Patrick. Il faut au moins que tu répondes à ma question. Où vas-tu?

— Je vais où Dieu m'appelle.

— Eh bien! je te suis.

— Toi, me suivre! toi, enlacé par le monde, toi, plein de passions incurables! Non, Lorenzo, laisse-moi partir.

— Laisse-moi te suivre, te dis-je; notre rencontre est trop miraculeuse, vraiment. L'autre jour, j'ai fait une promenade avec quelques artistes et *elle* du côté de Killarney; c'est moi qui avais entraîné tout ce monde dans le comté de Kerry, dans l'espoir de t'y rencontrer. Aujourd'hui je quittai Dublin, seul et sans faire mes adieux à personne, après avoir usé quatre ans de ma vie à poursuivre une chimère. Enfin le dénoûment est arrivé : je suis libre depuis ce matin.

Patrick regarda Lorenzo avec des yeux

qui semblaient provoquer de nouvelles explications que sa bouche, pudiquement muette, n'osait demander.

— Veux-tu en savoir davantage? dit Lorenzo.

Le prêtre ne répondit pas, mais il appuya ses deux mains sur son bâton.

— Écoute et plains-moi... Elle se marie!... elle se marie!... Ce matin, nous avons appris cette nouvelle de sa bouche, à son petit lever... Tous ses adorateurs sont consternés... Mais nous n'avons aucun reproche à lui faire : elle n'a trompé personne, elle n'a écouté personne. Elle s'est laissé adorer : c'est permis à une femme; nous sommes des imbéciles, voilà tout.... Je vois que cette nouvelle te fait du bien à toi; ton visage est rayonnant. On dirait que cela te met à ton aise. Dieu soit béni!

— Voilà trois derniers mots bien placés, Lorenzo.

— Je ne t'ai pas dit, je crois, le nom des bienheureux époux!...

— Oh! cela m'est indifférent, Lorenzo!

— C'est juste. Qu'importe le nom! c'est un époux. La cérémonie du mariage se fera dans un mois, bien loin d'ici, à la ville de***. Demain elle finit ses représentations, à Dublin, par *la Dame du lac*. Il faut te dire qu'elle a la passion des lacs. L'autre soir, il y a huit jours, nous avons chanté le finale...

— Assez, assez, Lorenzo; regarde mon habit et respecte-le. Plus de langage mondain entre nous... Maintenant, je ne voudrais la voir qu'une fois, prier pour elle et la bénir!

— C'est fort aisé; elle loge à *Greams-Hotel Sackville-Street*, vis-à-vis la...

— Lorenzo! Lorenzo! je pars; adieu...

— Au nom du ciel! Patrick, ne m'abandonne pas: il m'est impossible de te suivre en ce moment, mais promets-moi de m'attendre deux heures à Kingstown.

— Je t'attendrai... mais tu viendras seul...

— Seul!... et nous ne parlerons plus d'elle.

— Plus! plus! dit Patrick, qu'une fois.

— Sans adieu... Retiens-moi une place au paquebot de Liverpool.... Patrick, prie Dieu pour moi... Je te dis tranquillement que je suis au désespoir!

VII

Dans la sacristie de l'église métropolitaine de ***, Patrick exhibait ses lettres de prêtrise au curé, en répondant par intervalles aux questions qui lui étaient adressées. Le curé témoignait par ses gestes, ses paroles, son sourire, qu'il était satisfait de toutes les explications données et qu'il admettait le prêtre étranger au service temporaire de son église. D'ailleurs Patrick était muni d'une lettre épiscopale qui le recommandait spécialement à tous les chefs ecclésiastiques de la chrétienté; c'était comme le passe-port évangélique délivré à ses missionnaires par le prélat de Dublin.

Installé depuis quelques jours dans l'exercice de ses fonctions, Patrick demanda, comme une insigne faveur, qu'il lui fût permis de célébrer la cérémonie d'un mariage dont les derniers bans venaient d'être publiés, ce qui lui fut aisément accordé.

A minuit, l'église alluma les flambeaux du maître-autel. Le sanctuaire rayonnait de clarté, mais les nefs restaient dans les ténèbres. Les deux époux entrèrent, suivis de leurs familles et de leurs amis, et tout ce monde s'agenouilla.

Un jeune homme qui ne paraissait pas appartenir à cette société se glissa dans une des nefs latérales, et, seul, resta debout, appuyé contre un pilier, dans une de ces poses qui affectent l'indifférence, mais qui, aux yeux des observateurs clairvoyants, trahissent une terrible agitation.

Un prêtre, revêtu de ses habits sacerdotaux, monta lentement les degrés de l'autel, et pria quelque temps avec ferveur.

Puis il descendit les marches de l'autel et imposa les mains sur les deux époux; ces mains tremblaient comme celles d'un centenaire agonisant qui invoque Dieu pour la première fois.

Tous les yeux étaient fixés sur la jeune épouse : elle ressemblait au chérubin prosterné devant l'arche et qui a replié ses ailes dans un frisson de sainte terreur.

Lorsqu'elle entendit la voix du prêtre qui lui demandait si *elle acceptait pour époux...* sa tête courbée se releva vivement, et jamais ce visage, qui a tout exprimé dans les jeux de la scène, ne fut contracté par une semblable émotion. La jeune épouse regardait le prêtre, et elle crut voir le fantôme pâle de Patrick, sorti du sépulcre pour la voir une dernière fois.

En même temps, un cri effrayant retentit dans la nef ténébreuse. Lorenzo avait reconnu Patrick, qu'il avait quitté depuis quinze jours, et il ne put retenir une vive exclamation de surprise, malgré la sainteté du lieu.

Le oui de l'épouse passa dans ce cri; les assistants se retournèrent et ne virent plus que des nefs désertes.

Il y avait dans cette cérémonie quelque chose de mystérieux et de fatal, qui faisait présager un triste avenir.

Quelques minutes après, Patrick était resté seul en prière devant l'autel, et, malgré lui, il prêtait l'oreille au bruit sourd des voitures qui emportaient à la fête mondaine les époux et leurs amis.

Une main frappa l'épaule du prêtre, qui se retourna et vit Lorenzo derrière lui.

— Cette fois, nous ne nous quittons plus, dit le jeune Italien à Patrick.

Le prêtre ne répondit pas; il se leva péniblement et marcha vers la sacristie. Lorenzo le suivit.

Lorsque Patrick eut déposé ses habits, il dit à Lorenzo, en lui montrant une étoile à travers un vitrail :

— Voilà l'étoile des mages qui se lève à l'Orient.

— Partons! dit Lorenzo.

FIN.

TABLE DU TROISIÈME VOLUME.

TABLE

DU TROISIÈME VOLUME.

LA GUERRE DU NIZAM.

I. LE TUTEUR TOWER.	1
II. UN BAL DE NOCE AU BENGALE.	47

ÉPILOGUE.

SOIRÉES DE NEW-MEUDON.

PREMIÈRE SOIRÉE.	91
DEUXIÈME SOIRÉE.	115
TROISIÈME SOIRÉE.	143
QUATRIÈME SOIRÉE.	177
CONCLUSION.	203
SEMIRAMIDE.	209

LA CIRCÉ DE PARIS,

Par MÉRY. 2 vol. in-8º.

HEURES DE CAPTIVITÉ

DE

NAPOLÉON A SAINTE-HÉLÈNE,

Par ÉMILE MARCO DE SAINT-HILAIRE.

UN ROMAN,

Par ALFRED et PAUL DE MUSSET.

HISTORIETTES

D'UNE FEMME DE QUALITÉ,

OU

CHRONIQUES GALANTES DES IMPÉRATRICES, REINES, PRINCESSES, GRANDES DAMES, BOURGEOISES, ACTRICES, ETC., ETC., DES XVIIIe ET XIXe SIÈCLES,

Par la Comtesse O. DU C., auteur des *Mémoires de Louis XVIII*.
4 vol. in-8º.

Typographie Dondey-Dupré, rue Saint-Louis, 46, au Marais.

www.ingramcontent.com/pod-product-compliance
Lightning Source LLC
Chambersburg PA
CBHW060330170426
43202CB00014B/2731